Hermano Rico
Hermano Pobre

¿Cómo se enriquece un hermano y
el otro pobre?

Maura Ikharo

Para el amor de mi vida, Jibril A. Ikharo,

un lingüista excepcional y el mejor marido y amigo del mundo. Estoy agradecida de tenerte como mi compañero en la vida.

~~~~~~~~~~~~

A todos los que me aman y me apoyan.

Y,

Para todos los que aman...

Tabla de Contenido

Prólogo: Hermano Rico, Hermano Pobre

Si tiene hermanos, sabe que las personas nacidas en la misma familia pueden ser completamente diferentes. Esas diferencias se vuelven drásticas cuando un hermano es rico y otro pobre. A medida que la brecha de riqueza se amplía entre clases, golpea más fuerte en una familia. Es fácil decir que el tipo que se apresuraba en un Ferrari después del brunch se enriqueció de suerte a menos que crecieras con los mismos padres. La chica que muestra sus fotos de viajes de lujo, mientras viaja de un continente a otro, tiene sentido cuando asumes que su padre era un magnate del petróleo y no tu padre. Pero, ¿qué sucede cuando puedes viajar por el mundo a tu antojo y tus hermanos ni siquiera tienen pasaporte? ¿Qué sucede cuando recorre posibles inversiones inmobiliarias para futuros inquilinos, pero sus hermanos viven en viviendas subsidiadas por el gobierno? Esta es mi vida. Y tu familia puede parecerse a la mía. Si no, prepárate para sorprenderte en cada capítulo.

Si creció pobre o de clase media, como yo, la trayectoria de toda su vida puede cambiar en función de las oportunidades que aproveche o pierda temprano en la vida. Eso es porque una oportunidad a menudo conduce a otra. Por lo tanto, si pierde una oportunidad desde el principio, es posible que no reciba otra oportunidad, pero si la toma, el mundo continúa abriéndose a usted. Esto es más fácil de ver al comparar hermanos porque los hermanos son lo más parecido que tenemos a un campo de juego nivelado. Compartimos ADN, fuimos criados con los mismos ingresos del hogar, en la misma comunidad, tenemos los mismos padres y generalmente asistimos a las mismas escuelas (incluso si uno de nosotros es un poco mayor o más joven). También tenemos la mayoría de las mismas oportunidades iniciales o una falta compartida de acceso a ciertas oportunidades. Pero en ningún momento somos iguales porque nuestra naturaleza es inherentemente diferente, la forma en que pasamos nuestro tiempo es cada vez más diferente, y la mayoría de los padres tratan a cada niño de manera diferente, ya sea justo o no. No era el niño favorito, y tendremos el viejo debate "Naturaleza contra crianza" más adelante en el libro. Te ahorraré algo de tiempo: la naturaleza, combinada con lo que estás expuesto y la crianza de tus compañeros (no de tus padres), juega un papel importante en quiénes somos en su conjunto.

Bajemos al dinero. Si tus padres eran de clase trabajadora, tenemos algo en común. Si sabías que querías más riqueza para tu futuro yo y tu legado, y aún quieres más, este es tu libro. Escribí esto para nosotros. Salí y obtuve lo que quería, a pesar de que la mayoría de las cosas en mi entorno infantil reflejaban falta. Escribí esto porque siempre he tenido personas que me preguntan cómo mis hermanos y yo fuimos criados en la misma casa, aunque llevamos vidas contrastantes. Debido a esas preguntas, examiné de cerca las posibles razones de nuestras diferencias a lo largo de nuestras vidas.

Probablemente has contemplado las diferencias en tu propia familia.

Soy el mayor de tres hijos; dos niñas y un niño, en ese orden. Nuestro padre trabajó horas locas en la industria automotriz en Metro Detroit, Michigan, EE. UU., mientras que nuestra madre trabajó en turnos diferentes administrando un supermercado. Si bien muchas personas en nuestra comunidad pensaban que esos eran trabajos seguros, nuestros padres podrían haber sido despedidos o despedidos en cualquier momento. Ambos enfrentaron esa dura realidad todos los días. No se despertaron emocionados de ir a trabajar, simplemente hicieron lo que tenían que hacer, y eso es lo que me encanta del espíritu de la clase trabajadora. Esa rutina es honorable. Sin embargo, todo ese trabajo agotador es para otra persona, con la esperanza de que usted y los suyos tengan un poco de estabilidad mientras estén vivos. Aunque amo trabajar con personas, no soporto trabajar para personas. Se vuelve más difícil con personas incompetentes en la administración, y eso es exactamente lo que tiende a suceder. Un desacuerdo con un mal jefe puede ser el final. Una pandemia o recesión económica también puede significar el final de su trabajo. Si bien este libro no se trata de dejar su trabajo, se trata de alentarlo a asegurarse de tener varias fuentes de ingresos y aprovechar los trabajos que trabaja para expandir sus activos. A partir de ahí, puedes irte cuando quieras. Cuando tienes activos, tu dinero funciona para ti. Cuando tienes pasivos, trabajas para pagarlos y pierden valor (se deprecian). El libro de Robert Kiyosaki, Padre Rico, Padre Pobre, hace un trabajo increíble al explicar lecciones ricas en dinero y se recomienda leer. Si eres rico y te preocupa cómo transmitir la riqueza generacional, te recomiendo Family Wealth, de James E. Hughes Jr. Pero, ¿qué sucede cuando tienes conocimientos financieros, pero las personas cercanas a ti (tu familia: hermanos, padres) no, y puede tener poco o ningún interés en ello? Bienvenido a una brecha de riqueza familiar que a menudo se pasa por alto.

Nunca quise vivir bajo la amenaza de la inestabilidad financiera y estaba decidido a cambiar las cosas. Estoy seguro de que tampoco querrás vivir una vida preocupada por que te suelten de tu única fuente de ingresos, ni mis hermanos. Siempre me dije que nadie más era mi jefe o mi gerente. Todos necesitamos la disciplina para gestionarnos. La determinación de cambiar mis circunstancias y ejecutar esa visión es lo que marcó la diferencia en mi vida. La ejecución es hacer o deshacer. Los ricos se vuelven más ricos porque se convierten en tiradores. Cuanto más practiques, más alcanzarás tus objetivos. Por lo tanto, cualquier persona experta en el logro de objetivos solo mejora con el tiempo. Puede fallar repetidamente al principio, pero si sigue a la altura del desafío, se mantendrá al final.

Las cosas que solían tomar mucho tiempo y energía, serán más fáciles. Te darás cuenta de en qué necesitas pasar el tiempo y qué debes delegar a otros. La mayoría de las escuelas no enseñan nada sobre riqueza, pero mi clase de economía de secundaria me enseñó sobre especialización y división del trabajo. En resumen, ¡no deberías hacer todo! No es porque no pueda, puede intentarlo, y muchos propietarios de pequeñas empresas hacen exactamente eso. El problema es que cuando intenta hacer todo, produce resultados más bajos en todos los ámbitos. Es la misma razón por la que criar niños solos es tan difícil como hacer hielo en el infierno. Te estirarás demasiado y finalmente perderás algunas cosas. Se necesita una aldea para criar a un niño, al igual que se necesita una aldea para criar un negocio o una comunidad. Claro, una persona hecha a sí misma puede comenzar sola, pero la ampliación requiere un equipo. Muchas personas se quedan atrapadas corriendo en un bucle, pero aún piensan que están progresando hacia el éxito o la riqueza porque están exhaustos y ocupados todo el tiempo. No importa si trabajan dos o tres trabajos, todavía están estancados. Cada año, se preguntan por qué están en el mismo lugar que el año pasado, o peor. Es porque no están enfocados con láser en lo que hacen mejor. Haz lo que mejor sabes hacer y fortalece esas áreas. Encuentra otras personas geniales para cubrir las otras áreas. Esa es la especialización. Todavía debe aprender tanto como sea posible, pero cuando apunte, apunte a una cosa a la vez. Es por eso que un francotirador no falla el objetivo. No necesita hacer el arma y moldear las balas, incluso si sabe cómo hacerlo. ¡Solo necesitas alcanzar tu objetivo!

Si aún no lo has adivinado, soy "el hermano rico". No soy perfecta, y como dije, ni siquiera era "el niño favorito". Tampoco nací con ventaja sobre mis hermanos sin discapacidad. Tenemos los mismos padres, pero siempre hemos sido diferentes porque las personas son diferentes. Pero siempre hay más en la historia. Era la hermana nerd del que nadie quería escuchar hasta que los cheques comenzaron a rodar y mi vida parecía desconocida para la pobreza. Quizás esto te haya pasado a ti también. Al principio, se me consideraba extraño por usar cheques de mi trabajo para invertir en mí y en activos, en lugar de pasivos, como ropa llamativa y autos depreciados. Mis hermanos gastaron dinero como si tuviera una fecha de vencimiento y se preguntaron por qué no hice lo mismo. Después de todo, así es como fuimos criados. Si lo tienes, presume, o nadie sabrá que lo tienes. Eso no es un buen consejo. No me veo rica, lo vivo. Y tú también deberías. No hay nada que pueda comprar que se compare con la libertad y las opciones. Por eso la gente muere por ello todos los días en todo el mundo. Cuando has probado la verdadera libertad, es difícil volver a una vida sin ella.

Cuando era niña, cuando hablaba de querer riqueza en varias áreas de mi vida, me encontraba con desdén. Probablemente sabes de lo que estoy hablando. La mayoría de la gente de mi familia me decía que pensaba que era mejor que ellos. "El dinero es la raíz de todo mal", decían. Pero esa es una cita errónea bíblica común. En realidad es: "El amor al dinero es la raíz de todo mal". Y nunca amé el dinero; Siempre me ha encantado la libertad y las opciones. El dinero como herramienta es, me permitió recomprar mi libertad y más opciones. Hará lo mismo por usted si aún no lo ha hecho. No tropecé con la riqueza un día camino al trabajo. La riqueza es un juego largo y requiere tiempo y paciencia. ¡Estoy empezando! Verá a lo largo de este libro que nuestras diferencias reflejan la forma en que gastamos nuestro tiempo, no solo nuestro dinero.

Cuando era niña, pensaba que la riqueza llegó rápidamente. No sabía una mierda sobre la riqueza real. Pensé que el dinero provenía rápidamente de la lotería y que debía gastarse igual de rápido. Ganar la lotería fue un sueño para mi familia. Cada año ganamos cientos o un par de miles de dólares a la vez, pero no se compara con la cantidad que pierde comprando boletos todos los días. No lo supe entonces. Sabía que mi familia era feliz cuando entraba dinero y estaba malhumorada cuando no estaba. Solía mirar la lotería en la tele con ellos todas las noches, esperando otra victoria. Ganar dinero se sintió bien. Gran dinero! Nuevos billetes crujientes hicieron que me picaba la mano comprar algo nuevo. Los viejos de mi familia a veces me enviaban a la bodega de la esquina para jugar a su lotería cuando tenía siete u ocho años. Recuerdo haber visto números afortunados de la suerte escritos en casi todas las hojas de papel de la casa, desde sobres de correo hasta el reverso de las tareas anteriores. Para nosotros, la lotería fue la gran cantidad de dinero que se hizo. La gratificación instantánea fue dorada. Para ser rico, creías que tenías que ganar la lotería, ganar en un programa de televisión, obtener un pago del seguro después de la muerte de un ser querido, o simplemente naciste rico. En cualquier caso, el azar estaba involucrado en la riqueza, no en el trabajo. No se podía simplemente decirle a mi familia que el trabajo duro enriqueció a las personas porque mi familia ya trabajaba duro, pero sabía que nunca serían ricos a menos que tuvieran suerte. Algo grande tenía que suceder.

Pero no tuve suerte. Me cansé de que me pasaran cosas locas a mi alrededor. Mi padre murió de una sobredosis después de décadas de abuso de drogas, y mi hermano está en una prisión máxima. Ambas llamadas telefónicas llegaron inesperadamente. A lo largo de los años, estaba casi insensible al abuso y al drama porque era demasiado común. Mi hermana trabaja por turnos en la comida rápida, pero no quiere estar allí. Ninguno de nuestros resultados sucedió de la noche a la mañana. Si eres de una familia de fuertes contrastes, lo sabes. Si no, te atraparemos. Enfrenté conmoción y vergüenza durante mis primeros años porque era diferente. Porque quería algo más. No sabía cómo lidiar con ser visto como rara por mi familia, en un lugar que se suponía que era mi hogar.

Por ejemplo, mi familia me dijo en broma que me adoptaban cada vez que me veían leer, porque leer no era un pasatiempo para ellos. Muchas personas que conocimos dejaron de leer en la escuela secundaria y leer de ocio era inaudita.

Así que hice lo único que pude como adolescente; Encontré otros ambientes durante el día y extendí tantos días como pude en mis noches. Este fue el comienzo de cambiar la forma en que pasaba mi tiempo. Pasaría horas adicionales en la práctica de softbol o voleibol haciendo ejercicio, dando clases particulares a los estudiantes después de la escuela, poniéndome al día con amigos o en la biblioteca. Para mí era importante exponerme a las personas que querían las mismas cosas que yo y me alentaban a ser lo mejor. Me encantó estar rodeado de paz y aliento, y encontré un nuevo corrillo y un nuevo hogar en ellos. Cuando hablo de riqueza y de ser "el hermano rico" en este libro, se trata de mucho más que dinero, aunque el dinero es una herramienta importante.

Me pregunto cuántas personas tienen miembros de la familia como la primera barrera de entrada a nuevos entornos y riqueza. La familia no debería ser un obstáculo para niños o adultos para superar. Nunca intentes bloquear la visión de otra persona porque no puedes verla. No lo viste porque no era para ti. Y nunca permitas que nadie te desanime o menosprecie por sus miedos, envidia o lo que sea. No debemos tomar esas cosas en serio porque todos tenemos nuestros legados que cumplir antes de que se acabe nuestro tiempo. Pasé mi vida perdiendo personas que amaba, así que quiero dejar algo para los que vienen detrás de mí y para los que han luchado a mi lado en las trincheras.

Si alguna vez has sido la ovejita negra o el patito feo de tu familia por hacer algo bueno, estoy orgulloso de ti. Sigue empujando hacia adelante. Cuando llegue al pasto adecuado para usted, todas las ovejas también serán negras.

¡Bienvenido a casa! ¡Los amo a todos!

Chapter 1: ¿Cómo Diablos Te Hiciste Rico?

Convertirse en el "hermano rico" puede suceder de muchas maneras, pero esta fue la secuencia que me abrió las puertas a la riqueza. Es importante saber que la riqueza es más que el dinero. Ser el "hermano rico" no es solo financiero; También es una gran cantidad de excelentes relaciones, que incluyen un cónyuge increíble, buena salud y un espíritu fuerte. Es una gran cantidad de fe. Estos fueron mis pasos hacia la riqueza:

1. **Exposición**

Esto está siendo expuesto a un entorno o situación (buena o mala) que provoca una visión inicial en ti.

2. **Visión**

Estas son las imágenes y sentimientos de lo que sabes que la vida debería ser para ti.

3. **Reexposición**

Confirmación de que se puede lograr su visión. Lo has visto en alguna parte, lo has escuchado o has leído al respecto.

4. **Ambición**

Fuerza de voluntad y fe para lograr su visión.

5. **Ejecución**

Haz lo que hay que hacer y logra tu visión.

Exposición

Estamos constantemente expuestos a las cosas todos los días. Como adultos, tenemos más control sobre nuestra exposición, pero como niños, nuestros padres y ancianos dominan lo que escuchamos y vemos, y a menudo cómo reaccionamos a lo que sentimos. Si no toma nada más de este libro, recuerde que la exposición es la variable más importante en el resultado. Eso se debe a las cosas que haces, buenas o malas, dependiendo de lo que has estado expuesto.

Mis hermanos y yo a menudo estábamos expuestos a películas y experiencias hiper-sexuales, violentas y clasificadas como R cuando eran niños. Las escenas de violencia doméstica, sexo y otros abusos se desarrollaban ante nuestros ojos a diario. Vimos a nuestro padre abusar de las drogas, y luego lo vimos muerto en la sala de emergencias por una sobredosis. Esto no es irrespetuoso con mi padre amoroso que siempre nos ha animado a ser lo mejor de nosotros mismos, y se presentó para ayudar en mis prácticas de softbol. Estos son solo los hechos difíciles de mi vida. La lucha contra la basura y las conversaciones en la escuela y en las calles fueron alentadas por nuestra familia. Si alguien dijo algo sobre ti o te golpeó, se suponía que golpearías a esa persona de inmediato. Informarlo a un maestro fue un consejo, y los informantes obtienen puntos. Debido a esa exposición, estrangulé a una niña en el jardín de infantes cuando hizo una broma sobre mi padre. Entré en un niño cuando bromeó sobre uno de mis amigos durante el recreo de segundo grado. No me

13

importaban las consecuencias porque ya había recibido permiso de mis padres para pelear. Mis hermanos no eran diferentes a mí. Mi hermana fue expulsada de nuestro distrito escolar en la escuela secundaria por golpear a una niña en la cabeza con su zapato de tacón después de que terminó la pelea. Mi hermano luchó con sus amigos del vecindario y dejó la escuela. Esto no es ciencia de cohetes, pero algunas personas dirán que nunca habrían imaginado un resultado negativo de sus hijos o de sí mismos, aunque generalmente sumergieron a sus hijos en la negatividad. ¡A eso fueron expuestos!

En mi familia, la educación no era importante. Varias personas ricas que abandonan la universidad te dirán que ir a la universidad es una pérdida de tiempo, y la mayoría de las escuelas [públicas] en los Estados Unidos solo enseñan a los niños cómo ser empleados pobres. No estoy debatiendo nada de eso. Sin embargo, esas mismas personas también le dirán que la educación en sí misma es vital. Este capítulo no trata sobre la universidad o el sistema escolar de su país, trata sobre los fundamentos del conocimiento. No me enseñaron a valorar la educación en absoluto. El aprendizaje fue una ocurrencia tardía. Leer no era más que una tarea. Creo totalmente que los que abandonan la escuela secundaria pueden ser tan exitosos como alguien que se graduó de la escuela secundaria, la universidad o más allá. Sin embargo, no obtendrá riqueza ni ejecutará un negocio y una vida exitosos sin conocimiento. La educación, en este libro, trata sobre la exposición a la educación financiera que muchas personas nunca aprenden o ven. Se trata de cómo el conocimiento financiero crea enormes brechas de riqueza, incluso en las familias, hasta los hermanos que compartieron un techo y un linaje. Tomé la energía que pasé peleando en el patio de la escuela y la giré hacia el banco.

En los primeros años de mi infancia, no estaba aprendiendo mucho en la escuela. Pensé que todas las escuelas terminaron en sexto grado porque ese era el último nivel de mi escuela primaria y nadie me habló de la vida más allá de eso. Tenía primos mayores, pero no nos juntamos y hablamos sobre la escuela. Luchamos, corrimos y jugamos juegos. Estaba en cuarto o quinto grado cuando me enteré de la secundaria y la preparatoria, y todavía no sabía nada sobre la universidad. Si bien hubo programas en televisión con estudiantes universitarios, no entendí el entorno porque la universidad era un concepto extranjero. Era como escuchar una palabra en un idioma diferente; Sabía que significaba algo para alguien, pero no significaba nada para mí. Mis abuelos no terminaron la escuela primaria, por lo que mis padres que se graduaron de la escuela secundaria fueron un éxito. No tenían que considerar la universidad, porque ya habían progresado. Mi madre pensó en convertirse en enfermera y asistió a la universidad comunitaria por un tiempo cuando éramos niños, antes de irse sin el apoyo para quedarse. Mis padres consiguieron trabajos con pensiones, y ese era el sueño. O al menos, ese es el sueño al que estuvieron expuestos, y el sueño al que también nos expusieron.

Recuerdo que mis consejeros de la escuela secundaria se rieron de mí cuando les dije que mi objetivo era obtener "Straight As" (calificaciones perfectas) en mi primer semestre allí. No tenía un historial exitoso en ese momento. Mis calificaciones en la escuela primaria apestaron, había estado en detención por pelear en dos escuelas diferentes y no tenía antecedentes de un buen desempeño constante. Pero, sabía que estaba mejorando. E incluso si dudaban de mis habilidades, deberían haberme animado y referido a los recursos que podrían ayudarme. Tomé su risa con un grano de sal y me dispuse a lograr mi objetivo. Me encantan los desafíos y logré obtener "Straight As". Aquí está la cosa: yo era un estudiante inteligente que obtuvo un puntaje alto en todas las pruebas estandarizadas, pero generalmente me desempeñé en un nivel bajo en la escuela porque rara vez hacía la tarea. Nadie preguntaba sobre el trabajo escolar cuando llegué a casa. Mis padres estaban en el trabajo, y cuando llegaron a casa, mi trabajo consistía en asegurarme de que la casa estuviera limpia. Si la casa no estuviera impecable, me golpearían. Por lo tanto, no tenía miedo de no pasar una prueba, mi temor era ser golpeado. No vi la vara de la disciplina y la guía, solo la vara del control. Mis padres no eran diferentes de sus padres, o los padres de la mayoría de los niños en nuestra comunidad. No eran monstruos; es justo lo que sabían y experimentaban. La escuela no iba a proveer para nuestras futuras familias, tendríamos que pasar por un jefe o rangos superiores en el ejército, y necesitábamos saber cómo obedecer a la autoridad. Ninguna explicación lo hace correcto, pero entiendo las raíces. Parte de esto proviene de la mentalidad de golpear a un niño antes de que la vida lo golpee más fuerte. El resto es de generaciones de roles subordinados donde los trabajadores fueron azotados por desobedecer órdenes como limpiar o atender las cosas más rápido. Ese entrenamiento se transmitió durante siglos. Sé esto porque nunca envejecimos al ser golpeados, a diferencia de otros niños de la comunidad. Nunca fuiste demasiado viejo para que tus padres te golpearan, incluso si tuvieras hijos propios. Eso es problemático por decir lo menos.

Odiaba vivir así. La lectura expandió mi mundo, pero fue difícil de leer mientras estaba rodeado de una cacofonía de altercados. Había niños en mis clases de primaria que vivían vidas tranquilas, fueron a Hawai para las vacaciones de primavera y algunos usaron trajes de baño debajo de la ropa porque tenían piscinas en sus patios traseros. Tener una piscina era un gran problema en Michigan porque hace frío como en el infierno (arde), por lo que los días cálidos que pasamos junto a la piscina o en el lago fueron apreciados. Era raro conocer a una familia con una piscina enterrada de donde soy. Cuando eres pobre, tener tu propia casa, tu propia habitación y una piscina era visto como un lujo extremo, especialmente a los ojos de un niño, como yo. Escuché sobre las fiestas en la piscina en la escuela, pero nunca me invitaron porque no me consideraban un buen niño de una buena familia. Eso suena duro, pero así es como suenan las historias reales para los pobres. Esos estudiantes no fueron malos conmigo o negativos, pero yo fui malo con ellos porque es todo lo que sabía. Quería salir con ellos, pero no pude, y lo sabía. Mi sobrino es solo un niño, mientras escribo esto, pero él sabe que es pobre. Me dijo que no tiene amigos, y sé cómo se siente porque asiste a mi antigua escuela primaria. Cualquier escuela lo hará. Es interesante cómo los niños pobres conocen a sus pobres desde el principio, pero he escuchado historias de algunos de mis amigos ricos que dicen que no sabían que eran ricos hasta que eran mayores. La vida era normal para ellos. La falta de armonía nunca se siente bien, y los niños con vidas pacíficas casi instintivamente se apartan de nosotros.

Esa experiencia me mostró lo que es ser bloqueado de una red social, no solo por dinero, sino también por mentalidad. Mi mal comportamiento (es decir, pelear, intimidar) hizo que los niños se sintieran incómodos, y sus padres asumieron que así fue como me crié. Estaban en lo correcto. Bromear sobre las personas era cómo mi familia y amigos hablaban entre sí, pero no funcionaba en el entorno en el que quería estar. Claro, hay idiotas ricos, pero no asistieron a mi escuela. Aunque no vi las piscinas de mis compañeros de clase, sabía que se estaban divirtiendo y sintiéndose como niños libres. Vi a tus padres ayudar en nuestra escuela. Esos padres vinieron en excursiones y compraron grandes regalos para sus hijos y amigos en las tiendas de regalos del museo. Siempre deseé que mis padres pudieran estar allí. Ojalá tuviera unos pocos dólares para obtener algo de las tiendas de regalos también. O unos pocos dólares para comprar un almuerzo que no estaba empapado en mi bolsa de papel. Recuerdo cuando otros amigos pobres y yo recogimos nuestras monedas sueltas en el Boys and Girls Club para comprar un burrito o una porción de pizza para compartir. Haríamos lo mismo después de los juegos nocturnos de voleibol y softbol cuando llegamos a la escuela secundaria. No es de extrañar que obtuve un trabajo antes de la secundaria.

Vi lo felices que estaban algunos de mis compañeros de clase y quería ser más feliz. Sabía que quería tener tiempo para estar allí para mis hijos en el futuro. Mis amigos y yo todavía lo pasamos muy bien, pero sabíamos que éramos pobres y que algunos niños todavía tenían mucho peor que nosotros. Tenía una casa a la que ir, mientras amigos vivían con diez o quince personas en un apartamento.

Mientras estamos en eso, sería negligente si no dijera que mi familia nos llevó a mí y a mis hermanos de vacaciones. Tuvimos un montón de diversión. Mi familia materna vivía en Florida, así que los cinco nos amontonamos en nuestro camión y escuchamos los álbumes de Motown durante más de 1,000 millas en el camino de Romulus, Michigan a Orlando, Florida. Nos alojaríamos en un hotel estilo villa en Kissimmee, no lejos de Disney World y Universal Studios, y nos quedaremos en esa área. Mis padres obtuvieron un precio especial porque dijeron que querían un tiempo compartido y en su lugar tuvieron que pasar por un argumento de venta largo y agresivo. Los tiempos compartidos son estafas porque nunca ha terminado de pagar debido al aumento de las tarifas de mantenimiento y, a veces, no puede ir cuando lo desee, según el contrato. De todos modos, nunca fuimos a Disney World en familia porque era demasiado caro para cinco personas. Sin embargo, uno de mis tíos tenía boletos adicionales para su viaje (también una familia de cinco), por lo que pudimos ir a Universal Studios y Seaworld. En aquel entonces, los días adicionales en los boletos no caducaban, por lo que la gente los revendería o los regalaría. Estoy muy agradecido por esas experiencias porque así es como supe que quería viajar. Aprender sobre diferentes países en la escuela también despertó mi interés, pero ver nuevos lugares cambió todo.

¿A qué estabas expuesto cuando eras niño? ¿A qué están expuestos usted o sus hijos ahora?

Visión

El segundo paso es tener una visión. Todos tienen una visión. Su visión inicial depende en gran medida de lo que ha estado expuesto, bueno o malo. Aunque estuve expuesto a muchas cosas negativas y podría haber imaginado cosas malas para mi futuro, vi opciones positivas que hablaron de mi espíritu. Te desafío a pensar en grande. ¡Vuélvete loco con eso! Mi visión ha cambiado con los años, pero originalmente era directa. Solo quería viajar, ser feliz y tener una familia tranquila. Al final de la escuela secundaria, ella quería una familia feliz, libre de drogas y drama; viajar el mundo; asistir a la Universidad de Michigan (Go Blue!); vivir en las mejores zonas (con múltiples viviendas); conducir un automóvil de lujo (y ser conducido); tener un cuerpo sano y tener la libertad de hacer lo que quieras como adulto. Mi visión era un mundo alejado de lo que mis hermanos y yo sabíamos.

¿Cual es tu vision? ¡Escribelo! Si puedes escribirlo, puedes hacerlo real.

Nunca permita que los miedos de otra persona bloqueen su visión. No me importa si todavía vives con tus padres o si tienes hijos propios en casa. Si tienes una visión, tienes derecho a ella. ¡Ve por esa mierda! La gente de mi casa me dijo que no buscara ciertas cosas porque sonaba demasiado difícil y no querían que fallara. El fracaso es bueno! El fracaso es simplemente un proceso de eliminación. Usted descubre mejores métodos para lograr su objetivo a través del proceso de eliminación que llamamos "fracaso". Casi siempre soy mejor en el segundo tiro que en el primero. Si no ha fallado, no ha asumido ningún riesgo real para el éxito. Hice lo que tenía que hacer y al final, y lo hice.

El primer paso de mi visión fue mudarme de la casa de mis padres a la universidad de mis sueños. ¿Necesitas ir a la universidad para ser rico? ¡No! Hay muchas personas exitosas que no se graduaron de la universidad. ¡Algunos son famosos! La universidad era solo mi salida, y lo sabía. Me permitió empacar e irme. Algunas personas tienen el lujo de una familia acogedora, pero nos apresuramos a convertirnos en adultos. Conocía a personas que iban a la universidad conmigo y renunciaban porque pasaban demasiado tiempo en nuestro vecindario durante la semana y los fines de semana. El entorno del que venimos no es el lugar al que volver mientras tratamos de progresar. Esto no pretende ser irrespetuoso. Los atletas profesionales [ganadores] no salen todo el día, practican y van al gimnasio. Los estudiantes deben estar en la biblioteca (o donde sea que aprendan), estudiar en el extranjero e ingresar al mundo.

Si eres un estudiante que lee esto, y no tienes múltiples flujos de ingresos alineados o una pasantía que pueda ayudarte a depositar un día, no debes festejar a menos que te paguen. Casi desperdicié mi vida pasando el rato porque tenía el síndrome impostor, y sentí que no pertenecía a la escuela. Sí, los estudiantes van a fiestas, pero también van a clase. No estaba en clase. Una fiesta es una celebración o comercialización de una marca. ¿Qué estás celebrando si estás peleando? ¿Qué estás comercializando si no eres dueño de la marca? Si no eres estudiante y estás de fiesta, o estás viendo programas y películas todos los días, sin pago, se aplican las mismas reglas. Nunca recuperarás esas horas. El tiempo es el mayor activo y lujo de los ricos.

Lo entiendo. A veces las cosas son difíciles y quieres relajarte un poco. Cuida tu salud mental. No te estoy diciendo que seas descuidado, pero el mayor descuido es ignorar tu visión. Estás ignorando quién deberías ser. No te beneficia a ti ni a nadie más renunciar a lo que debería ser, ser una cáscara de ti mismo o, peor aún, tratar de ser otra persona o lo que imaginas que es.

Hubo oportunidades financieras en la universidad que perdí porque estaba demasiado borracha para correr. Mi visión no importaba porque mi mente estaba nublada. Mi padre que murió mi tercer año en la universidad fue mi llamada de atención. Estaba desperdiciando una oportunidad que él nunca tuvo, y que estaba inmensamente orgulloso de mí antes de morir. Además de eso, él nunca iba a estar vivo para apoyarme de nuevo. Sabía que no quedaba nadie para apoyarme financieramente, excepto yo. Mi hermano ya había abandonado la escuela secundaria y mi hermana estaba tratando de graduarse de un programa alternativo de escuela secundaria. No había hogar para mí. Mejoré mis calificaciones y comencé a pensar en cuáles serían mis próximos movimientos después de la universidad. Me gradué con nada más que un trozo de papel que decía que había terminado, y la afortunada oportunidad de haber estado expuesto a más de nuevo mientras estuve allí.

Reexposición

¿Recuerdas a los niños de mi escuela primaria (o la tuya) con las piscinas del patio trasero y las vacaciones en Hawái? Bueno, la universidad en una universidad de élite era mucho más que eso. Me demostró que toda mi comunidad era de clase trabajadora y clase media en el mejor de los casos. Esto fue una reexposición a un mundo que sabía que existía, pero no a este nivel. Los niños estaban estacionando a Maseratis descuidadamente alrededor del campus, independientemente de la aplicación de la ley. Las chicas listas para la pista fueron empacadas en Range Rovers para viajar unas pocas cuadras hasta la calle Fraternity. Los estudiantes tomaron sus primeras decisiones políticas con base en los altos ingresos y tramos de impuestos de sus padres. Tuve una compañera de clase en mi primer semestre con un huerto en su patio trasero, y ella no fue la única compañera de clase que conocí en un huerto. Los estudiantes tuvieron conversaciones que nunca habían escuchado. Mis padres y hermanos tampoco habían escuchado algo así, pero allí estaba, absorbiéndolo. Me sentí como un impostor, pero también me intrigaba escuchar conversaciones ricas. La casa en la que crecí tenía casi 2,000 pies cuadrados, posiblemente del tamaño de una de las puertas de entrada de mi compañero de clase. Ahí es donde los guardias mantienen la puerta principal abierta y pueden dormir dependiendo de la configuración. Esos estudiantes tenían habitaciones más grandes que mi casa o varias de mis casas juntas. Estas eran las casas con entradas que se extendían por millas fuera del camino y estaban ocultas de las plataformas de mapeo por seguridad. Escuché en cafeterías, bibliotecas y durante proyectos grupales mientras hablaban de dónde "vacacionaban" y de dónde escapaban durante el invierno. Estaba emocionado, nunca envidioso, y quería saber más sobre esa vida. Escuché con atención e intenté no dar demasiada información sobre mi propia vida. Sus familias hicieron viajes a los Juegos Olímpicos, Italia y París por la moda, y Sudamérica por su historia. A menudo, estos eran regalos comunes para padres para cumpleaños y graduaciones. ¡Ni siquiera tenía un pasaporte en la universidad, a diferencia de mi cónyuge, que creció con dos! Honestamente, tampoco conocía los pasos para obtener un pasaporte, aunque una de mis visiones era viajar por el mundo. Di ah! Eso me lleva al siguiente punto de vista: preparación.

Si su visión es viajar, obtenga un pasaporte. El millaje puede variar en su país, pero en los Estados Unidos y el Reino Unido, los pasaportes son válidos por 10 años. En Nigeria, son buenos por 5 años. Es posible que no tenga el dinero para viajar hoy, pero obtenga un pasaporte para prepararse para ir. Hay pequeñas cosas que puede hacer para comenzar a probar el futuro y crear un entorno de reexposición. Si quieres una mansión, ve a abrir casas para ellos. ¡Pruebe ese vehículo de lujo gratis en el concesionario! Necesitas sentirlo, tocarlo, probarlo. Si tiene un vuelo (especialmente uno doméstico), y actualizar a primera clase es algo que puede pagar (aunque sea apenas), ¡actualice su asiento! Si su trabajo le reembolsa los vuelos, al menos pague la mejora usted mismo. Necesita exponerse al siguiente nivel. No querrás volver, pero tendrás algo por lo que seguir trabajando. Y no me des la excusa de no querer consentirte hasta el punto de que no puedas apreciar las pequeñas cosas. Sé tú, pero sé lo mejor que puedas ser. Confía en mí, estarás mejor con un servicio excepcional y un sueño fenomenal, que con personas groseras y un alojamiento pobre. La importancia de la exposición no puede ser exagerada. ¡Hizo la lista dos veces por una razón! La primera vez que te expones, puede aparecer sin que lo busques. La reexposición se trata de que tomes el control de tu vida y busques algo nuevo. Si no te buscas, otra cosa te buscará y te encontrará.

La reexposición no significa gastar más allá de sus posibilidades o "fingir hasta que lo haga". Sabía lo que quería, así que lo leí, vi videos, fui a eventos de redes y me mudé de mi estado natal. ¡Puede que tenga que mudarse para aprovechar su oportunidad! Quizás su oportunidad no ha llamado a su puerta porque está en la casa equivocada. Después de mudarme, solo ganaba $975 al mes, mientras pagaba $500 por el alquiler, más seguro de comida y automóvil. Más de la mitad de mis ingresos se destinaron a vivienda y todavía no había comido. Fui a la universidad (apenas lo logré) y todavía no tenía el sueño, pero estaba trabajando en ello. Instintivamente sentí que estaba en el camino correcto, y lo estaba. Escucha tu instinto. Si tu instinto siempre te está desorientando, ¡debes entrenarlo! Ahorré mis sobras y corrí cuando pude ganar unos dólares extra para obtener un mejor ambiente. Al principio me incomodaba ver las oportunidades de conducir mi hooptie car, pero levanté la cabeza y salí como un Bentley porque al menos tenía acceso a un vehículo y un futuro mejor.

Cuando llegue al entorno del siguiente nivel, preste atención a su entorno. ¿Qué están haciendo las personas? ¿Cómo se ven, suenan, actúan? No tiene que imitar a nadie, y no debería hacerlo, pero sí necesita familiarizarse con el lugar donde desea estar. Sepa con quién está hablando y quién es usted. Investigue y manténgase informado de los acontecimientos en la comunidad en la que desea estar. ¡No solo sea usted mismo, sea lo mejor que pueda!

Ser un ávido lector siempre fue mi boleto para una mentalidad de siguiente nivel. Leí todos los libros de alfabetización financiera, movilidad social ascendente y pedigrí que pude tener en mis manos. Quería preparar mi mente para el cambio. Vi películas ambientadas en escuelas privadas, en Wall Street o en la alta costura, pero nunca asumí que la gente sería como las películas o los libros debido a la libertad creativa. ¡Fue divertido! Pensé en las oportunidades que podría ofrecer a mis hijos debido a mi exposición. Se trataba de ver una vida a la que no tenía acceso en persona y de querer algo más que un vistazo. Quería una oportunidad de estar suelto y libre de fantasía. Volando a Francia en un abrir y cerrar de ojos, y luego a Kenia para un safari privado y los mejores masajes. Experimenté ese viaje y el niño en mí todavía brilla por dentro. Kenia es uno de los mejores lugares del mundo en términos de cultura, clima, vida silvestre, comida y lujo, y siempre tendrá un lugar en mi corazón. Amo toda África y tengo una casa familiar en Nigeria. Nada de esto llegó hasta la fase de ejecución, pero el paso de reexposición me llevó a ese punto. Y a medida que exploro el mundo y las nuevas culturas e idiomas, vuelvo a exponerme una y otra vez.

¡La exposición es poderosa! La reexposición es su oportunidad de tomar el control de lo que está expuesto. Es una oportunidad para cambiar su narrativa en lugar de vivir lo que se escribió.

¿A qué cosas estás trabajando para exponerte? ¿A qué grandes experiencias ya has estado expuesto?

_____
_____
_____
_____
_____
_____
_____
_____
_____
_____
_____
_____
_____
_____
_____
_____
_____
_____
_____

Ambición

Después de toda la exposición y la visión, aún debe tomar medidas y comenzar. Esta será una sección corta porque tienes ambición o no. Piensa en un vehículo. Si lo pones en "Conducir" y quitas el pie del freno, probablemente se moverá un poco, pero no irá muy lejos. Si está estacionado en una colina, un automóvil en "Drive" no se moverá a menos que acelere. Así es la vida. Puede pasar al modo "Conducir" y quitar el pie del freno, pero hasta que llegue al acelerador, está atascado. Algunas personas piensan que se están moviendo, pero tan pronto como tocan una colina (léase: obstáculo), no pueden superarla porque nunca tocan el gas. Estaban operando bajo la fachada del modo "Drive", pero haciendo poco más que inactivo. Conducir requiere pisar el acelerador y el coraje para ir. Conducir también requiere comprar gasolina y acceso a un vehículo. Esa es la preparación. Conducir se trata de prepararse y partir hacia un destino. El destino es tu visión. Nada se compara al 100% con la vida, por lo que ninguna analogía será exactamente como su experiencia. El punto es que tienes que trabajar en tu visión para lograrlo. Tienes que querer ir e ir.

La otra cosa sobre la conducción y la ambición es su direccionalidad. Necesita un plan para su visión. No es suficiente solo verlo y quererlo. Piensa en cómo llegarás allí, posibles rutas y cuánto tiempo podrías tomar los peores caminos y desvíos de la vida. Debemos ser flexibles, pero siempre ir al destino o cambiar la ruta para llegar allí. La ambición es una de esas cosas que tenemos en nuestra naturaleza. Es lo que separa a las personas que solo hablan de sus visiones, de quienes las logran. Podría haberme detenido en la "reexposición" y seguir viviendo sabiendo que había una vida mejor para mí. Podrías haberme dicho que podrías encontrar la felicidad sin esa otra vida. Para mí, eso no habría sido cierto porque no puedo ser feliz sabiendo que no estoy haciendo todo para lograr las cosas que sé que puedo, y también la vida más allá de mi imaginación. No soy feliz como espectador en mi propia vida. Este libro no fue escrito para los espectadores. Escribo para aquellos dispuestos a tomar medidas. ¡Muestre al mundo lo que es posible! Como decimos en fe, "¡Que Dios te use!"

Incluso si no crees, haz tu servicio y hazle saber a alguien que pueden ser geniales.

Ejecución

La ejecución es complicada porque puedes trabajar todo el día y toda la noche hasta que se te rompa la espalda, pero aún así, nunca ejecutes. Existe la idea errónea de que el trabajo duro es la ejecución. La ejecución es el final de algo. Significa que un objetivo se llevó a cabo hasta su finalización. Si los resultados no alcanzan el objetivo, no hubo ejecución. Por ejemplo, si desea ser un inversionista inmobiliario, no necesita tomar cursos para convertirse en un agente o corredor de bienes raíces. Pasarías innumerables horas tomando clases y estudiando para los exámenes, solo para descubrir que aún no eres un inversionista, incluso después de aprobar el examen. Me he encontrado con personas que dicen que no han comprado propiedades porque no son agentes. Convertirse en un agente en los Estados Unidos no es lo que se necesita para invertir en propiedades para usted. Solo necesita el dinero o el apalancamiento para comprar la propiedad y cerrar el trato. El sector inmobiliario sigue siendo una de las mejores formas de inversión por dos razones: 1) todos necesitan un lugar para vivir como una necesidad básica; y 2) ya está en bienes raíces: es dueño de la propiedad o la está alquilando a un propietario. Ponte del lado correcto de las finanzas. Eres un consumidor o un productor. Vivimos en una sociedad de consumo. Casi todo es una mercancía. Asegúrese de producir y obtener activos, no pasivos. Una casa es una responsabilidad si no le pagan por ello. Asegúrese de que alguien le pague y, por lo tanto, ponga más capital en la propiedad y dinero en su bolsillo. Desde allí, puede refinanciar la casa y usar el capital de los pagos de alquiler de su inquilino para comprar más propiedades. ¡Así es como te conviertes en un hermano rico! No es lo que gastas, es lo que guardas.

No sé si mi visión inicial era completamente diferente a la de mis pobres hermanos, pero sé que mi reexposición fue diferente, tuve que conducir e hice lo que quería. No me importaba que la gente pensara que estaba loco, y a veces mis padres pensaban que era irrespetuoso porque no quería la vida que tenían. No es falta de respeto, es una visión diferente.

Por supuesto, hubo momentos en que no sabía exactamente cómo llegar a donde iba, pero siempre supe la visión. Si hace un giro equivocado, corríjalo. El destino aún estará allí cuando llegue. Tampoco transmití mi visión a todos porque es solo mi negocio donde voy, y las personas de mente pequeña no pueden manejarlo. Si vienes de un entorno pobre, tus grandes sueños no se cumplen con buenos deseos. La pobreza es ciertamente más que una mentalidad, pero también está incrustada en la mente. La riqueza

32

es así también. Fui pobre durante años, pero mentalmente sabía que no seguiría siendo pobre para siempre. Incluso si algo sucede y vuelvo a la pobreza, sé cómo salir de nuevo. Así es como funciona la buena exposición, visión, impulso y ejecución. Si lo sabes, lo sabes.

¿En qué has estado trabajando y que aún no ha llegado a buen término? ¿Cómo podrías mejorar tu ejecución?

_____

_____

_____

_____

_____

_____

_____

_____

_____

_____

_____

_____

_____

_____

_____

_____

_____

_____

Capítulo 2: Choque y Vergüenza: Vivir una Doble Vida

El título de este capítulo causa recuerdos pesados. A lo largo de mi vida, la gente me conocía como determinada, sociable y de alto rendimiento, ya sea en clase, mi carrera o en un campo de atletismo. Debido a mi exposición, la literatura que consumo, mis pruebas y tribulaciones no aparecen en mi cara. No veo de dónde vengo. Y no solo estoy hablando de mi pueblecito, sino también de mi hogar. Por ejemplo, mis maestros de secundaria pensaron en el mundo de mí y todos mis amigos. Fuimos los mejores estudiantes, y muchos de nosotros también fuimos atletas, trayendo a casa ese orgullo de Águila Romulus. Como la hija mayor, mis maestros estaban encantados de escuchar que mis hermanos menores iban a estar en sus clases. Ya has leído sobre mis hermanos, pero no "advertí" a mis maestros sobre el comportamiento de mis hermanos o el bajo rendimiento del pasado porque cualquiera puede cambiar en cualquier momento. Les dejé seguir creyendo que yo era de una familia que amaba la educación y que mis hermanos serían sus mejores estudiantes. No voy a calumniar a las personas porque operan de manera diferente que yo. Tampoco voy a mentirte y decirte que la conmoción y la vergüenza no me esperaban detrás de muchas puertas en la vida después de que la gente conoció a mi familia. Parte de la razón por la que no informé a mis maestros sobre mis hermanos fue porque no estaba listo para enfrentar su conmoción o mi vergüenza.

Esta es la parte que duele. Mis padres me dijeron que diera un buen ejemplo, y lo hice como la mayor. Llegó un momento en que dejaron de permitirme publicar mis altas calificaciones o premios en casa porque parecía alardear. Me alegra que mi papá me haya guardado todo y todavía lo tengo. El ejemplo que me dijeron que pusiera fue visto como perjudicar a otros, en lugar de celebrarse, por lo que no me gustó la atención. Me hizo sentir incomoda. Pensé que estar feliz por mi éxito era orgullo y jactancia. Pero no fue así. Me llevó años recuperar mi atención y poder sentarme cómodamente a la cálida luz de mi felicidad.

El éxito lo fue todo para mí, mis amigos y sus familias, pero no para mi familia. Mi familia pensó que amaba la escuela, pero en realidad, me encantaba irme de casa. Me encantaba entrar en un círculo donde mis sueños de éxito eran normales, esperados y alentados. Cuando me presenté, guardé mi problemática vida hogareña y disfruté. Sentía que estaba viviendo una doble vida. Con mis amigos, viví. Me reí. Tenía riqueza en mi corazón que no podía ser sacudida.

Entonces, cuando mis maestros atrajeron a mis hermanos como estudiantes después de mí, estaban eufóricos y esperaban alguna versión del conocimiento y el respeto que asumieron que traje de casa. En realidad, había estado estudiando estudiantes exitosos y profundizando en obras escritas de grandes mentes en tierras lejanas durante años. Cuando el polvo se asentó después de que mis hermanos corrieron en círculos a su alrededor, arrojaron libros de texto en clase cuando salieron, rompieron las bisagras de la puerta o simplemente se quedaron dormidos por desinterés, esos maestros inmediatamente me alejaron o se unieron a mí después de la escuela, antes de la práctica. Siempre tenían las mismas preguntas.

Preguntas Comunes:

"¿Cómo diablos terminaste así, pero tus hermanos son diferentes?"

"¿Qué está pasando en casa?"

"¿Estás realmente relacionado con tus hermanos?" o "¿Tienes los mismos padres?"

"¿Tus hermanos siempre han sido así?

"¿Qué hacen tus padres de manera diferente con tus hermanos?"

La Respuesta:

Aunque inicialmente estuvimos expuestos a las mismas cosas, pasé mi tiempo de manera diferente, y me alejé y me uní a un corrillo diferente de amigos. Esos amigos tenían padres que anunciaban conocimiento y éxito. Para ellos, yo era otro de sus hijos, y aprecié el apoyo.

Sin embargo, en ese momento, no tenía una respuesta. Sobre todo, me daba vergüenza. Mis maestros estaban intrigados porque sabían que había más en la historia. Como adulto, sé que hay más debajo de la superficie, y siempre lo he hecho, pero me daba vergüenza ser diferente. Había dos lados en mi vergüenza. Por un lado, me daba vergüenza no poder encajar con mi sangre. Luego llegué a un punto en el que estaba tan molesto con las personas que señalaron que yo era diferente, que quería ocultar a mi familia todos juntos. No hablé de ellos, o solo breve y vagamente. Luego me avergoncé de las partes de mí que encajaban con ellas. Como mi familia, mi paciencia era pobre y mi temperamento era corto. Me gustaban las bromas lascivas, las peleas y los chismes desordenados. Hablé rápido y no pude quedarme quieto por mucho tiempo. Estaba luchando por domar las partes de mí que estaban en el viento, para poder vincularlas perfectamente a mi visión futura de mí mismo. Finalmente, fui domesticado más allá del auto reconocimiento y tuve que descubrir quién era, y no solo a quién imaginaba. Tomó quietud, paciencia y tiempo solo para pensar por mí mismo. Tomó hablar en situaciones que no se sentían bien para mi alma. Tuve que dejar mi vergüenza a un lado y abrazarme por lo que soy. Quién soy es lo más importante en este viaje, no de dónde soy ni a dónde quiero ir.

Tenía miedo de comenzar una relación porque pensé que si llevaba a alguien a conocer a mi familia, esa persona me dejaría rápidamente por otra persona con menos drama. Conocer a la persona adecuada me ayudó a superar eso.

37

Acepté de dónde venía como parte de mí, en lugar de como un defecto fatal que me llevaría a mi desaparición. La gente me decía que era mejor que mi familia. Mi familia me dijo que pensaba que era mejor que ellos, y tal vez algunas personas creían que yo era de sus inseguridades. Ser forzado a enfrentar las diferencias como si fueran inherentemente negativas me causó vergüenza. Tenía maestros y amigos que expresaron su vergüenza por mi educación y me dijeron que me alejara lo más posible de ellos. También he hecho que la gente me diga que nunca cometa un error porque mataría a mis padres, porque mis hermanos ya eran tan malos. No podría ser malo también. ¡Coño! Eso es pesado para cargar sobre los hombros de un adolescente, y es por eso que terminé en terapia en la universidad.

Tenga en cuenta lo que le dice a la gente, especialmente a los niños. No me importa cuán maduros creas que actúan. Me estaba volviendo loco porque pensaba que se suponía que debía ser un salvador familiar. Pensé que se suponía que debía ir a la universidad y luego comenzar un negocio que pudiera pagar a toda mi familia (incluida la extendida), para vivir la vida de sus sueños. Esa ni siquiera es mi visión, pero sentí que era mi deber de obediencia. ¡Uf! De eso están hechas las buenas sesiones de terapia.

Quiero producir grandes cosas para mi legado, pero esos son mis hijos, nietos y más. También es a las personas que puedo tocar por ser de servicio, ya sean mayores o menores. Parte de ser "el hermano rico" es tener claridad.

Capítulo 3: Es Más Caro Ser Pobre Que Rico

Lo creas o no, es más caro ser pobre que ser rico. Mis inversiones pagan mis lujos y, de hecho, muchas personas ricas pueden vivir gratis. Vivo en el mundo de la planificación inmobiliaria y el uso del suelo, así que lo veo todos los días. Así es como funciona: los propietarios poseen propiedades y sus inquilinos pagan el costo del edificio y el costo del propietario para vivir gratis. Su renta es generalmente más alta que el costo de la hipoteca de la propiedad en la que se hospeda. Esto se debe a que está pagando la hipoteca, incluso si no es propietario del edificio. Por lo tanto, casi todos participan en bienes raíces. Usted es un inversionista (propietario) o un inquilino. Y a veces usted es un inversor inmobiliario pasivo (por ejemplo, Real Estate Investment Trust / REIT), sin ser propietario directo, pero por simplicidad, hablaremos sobre la propiedad directa. Veamos algunas matemáticas detrás de esto. Comenzaremos con algo pequeño primero.

Digamos que tienes un dúplex. Esa es una casa multifamiliar que consta de dos unidades adjuntas. Cada unidad tiene una entrada separada, por lo que también puede escuchar esto llamado "dos puertas" cuando un propietario cuenta unidades. Digamos que el costo de todas las propiedades dúplex fue de $100,000. Si aprovecha el dinero del banco con un préstamo, como lo hacen muchos inversores, una hipoteca a 30 años con un interés del 3% generaría un costo total de $151,778. El interés se acumula durante 30 años, lo que hace que el precio sea más alto que si paga en efectivo. Esto se divide en un pago de hipoteca de $421.60 por mes durante 30 años. Muchos de ustedes pagan mucho más que eso en su alquiler o hipoteca. ¡Mientras tanto, su dueño vive libre! Piénsalo. Como inquilino, su trabajo también está pagando por la casa de su arrendador. Dado que la hipoteca dúplex es de $421.60 por mes, ¿cuánto cobraría cada unidad por el alquiler? En realidad, basarías eso en la tasa del mercado. Algunos propietarios mantienen la renta estable para un gran inquilino o uno que está luchando (¡tú eres el jefe!). Suponga que cobra el doble del pago de la hipoteca por cada unidad. Eso es $843.20 de alquiler por unidad. Tiene la oportunidad de traer $1,686.40 en total del dúplex cada mes. O bien, puede vivir en una de las unidades, tomar los $843.20 por mes de su otra unidad y usarlos para pagar los $421.60 por la hipoteca de su edificio, mientras mantiene la otra mitad. Como su otro inquilino paga la hipoteca, ¡puede vivir gratis! De hecho, le pagan para vivir porque puede quedarse con los $421.60 restantes ya que cobró el doble de la hipoteca por el alquiler. Ese dinero extra se puede usar para pagar la hipoteca más rápido, para invertir en otra propiedad o activo, para pagar tarifas de mantenimiento o para pagar lo que usted asigne. Asegúrese de tener un plan para su dinero. Al mismo tiempo que le pagan por vivir, todavía está construyendo capital en la propiedad y, con suerte, capitalizando también el aumento en el valor de la propiedad.

Si decide alquilar ambos apartamentos, puede quedarse con $1,264.80 después de pagar la hipoteca. Por supuesto, todavía hay costos de mantenimiento, y puede optar por utilizar una compañía de administración de propiedades que tome un porcentaje de la renta mensual. La conclusión es que puede pagarle a alguien $843 por el alquiler, o puede ganar dinero para vivir sin alquiler.

Hipoteca dúplex a 30 años: $151,778

Pago mensual de la hipoteca: $421.60

Precio de alquiler que los inquilinos pagan: $843.20 por unidad ($1,686.40 en total por dos)

Precio de alquiler del propietario: $0. ¡Gratis!

El propietario vive gratis en una de las unidades y se queda con los $421.60 restantes después de pagar la hipoteca.

Subamos con un escenario diferente. La hipoteca mensual de su propiedad de 4 unidades es de $1,000. Cobra a cada unidad $2,000 al mes por el alquiler porque es un área costosa, pero pudo obtener un trato en una casa que necesita reparación (una propiedad destartalada que causó que se viera bonita nuevamente). Juntas, las cuatro unidades generan $8,000 por mes ($2,000 cada una). Reste el alquiler y puede quedarse con $7,000 cada mes. Eso es $84,000 por año. Incluso si tiene otros $1,000 en gastos cada mes, aún conservaría $6,000 por mes o $72,000 por año. ¡No olvides pagar esos impuestos! A medida que avanza, puede considerar formar una

LLC, transferir el título de su propiedad a su LLC y aprovechar una tasa impositiva más baja. Tu decides. Imagine tener 100 unidades en su cartera, cada una pagando $2,000 por mes. Eso es $200,000 al mes y $2,400,000 al año, independientemente de los diversos gastos posibles. Así es como se ven los activos y por qué los ricos se vuelven más ricos.

Mientras tanto, los pobres están luchando para llegar a fin de mes. Los pobres luchan con el pago del alquiler, y la clase media trabaja para pagar sus hipotecas y otras deudas. Cuando algunas personas obtienen efectivo adicional o reciben una suma global de su propio dinero a través de lo que se llama un "reembolso de impuestos" durante la temporada de impuestos, lo usan para comprar pasivos. Compran cosas como muebles nuevos o alfombras nuevas en un lugar que alquilan (no son de su propiedad), ropa o hacen un pago inicial de un automóvil nuevo. Claro, los vehículos se pueden usar para ganar dinero a través de centros de distribución o servicios de viaje compartido, y uno de mis hermanos lo hace, pero la nota combinada de automóvil y seguro supera el dinero ganado a través de esas fuentes de ingresos. Hay un beneficio cuando un vehículo raro se vende por más de lo que pagó, o cuando un vehículo lo ayuda a ganar más de lo que vale. Puede conducir un vehículo de $50,000, pero el vehículo atrae a clientes que le pagan más que eso por mes, por proyecto u otra transacción. Así piensan y se comportan los ricos. Los pobres usan su dinero duramente ganado para comprar pasivos, mientras que los ricos usan sus activos para comprar más activos o los lujos que desean. Los ricos no tienen deudas por sus lujos, por lo que no me refiero a esos lujos como pasivos. Si sus activos le pagan para viajar por el mundo, siga viajando por el mundo. Si su trabajo o negocio cubre sus gastos de jet privado o de primera clase, ¡vuele como quiera! Esto no significa que los pobres no puedan o no tengan lujos. Esos lujos no deben poner en peligro su capacidad de pagar su costo de vida, o son pasivos.

Algunos "expertos" le recomendarán que ahorre de tres a seis meses en gastos en un fondo de emergencia. Estoy en desacuerdo. ¿Qué sucede cuando la emergencia dura más que sus ahorros? ¿Qué sucede cuando se agotan esos fondos y los nuevos golpes de emergencia un mes después? La pobreza se siente como una emergencia tras otra. Primero, su automóvil se cae, luego su factura de electricidad es más alta de lo normal, ha puesto más de lo que puede pagar en tarjetas de crédito, ahora enfrenta un aumento en el alquiler al renovar el contrato de arrendamiento y su hijo está enfermo. Solía descuidar mi vehículo porque no podía pagar el mantenimiento básico. Un día, el motor se apagó en la estación de servicio y tuve que caminar a casa por una carretera muy transitada. No podría pagar un taxi o un servicio de transporte compartido. No sabía cómo llegaría a trabajar al día siguiente. Afortunadamente, un colega estaba dispuesto a recogerme antes del trabajo. No puede ahorrar para una emergencia, mientras vive constantemente en una emergencia o crisis.

Debe tener inversiones que trabajen para usted en todo momento, para que nada financiero realmente se sienta como una emergencia. El primer paso es calcular cuánto cuesta. ¿Cuánto cuesta ejecutar toda su vida y su hogar cada mes? Multiplique eso por 12 para determinar cuánto cuesta cada año. Si tiene una familia (hijos, cónyuge, padres que viven con usted), incluya esos gastos. Ese costo puede ser más alto de lo que gana, razón por la cual está endeudado. Este total debe incluir cuánto le gustaría ahorrar e invertir. Una vez que obtenga su total, sabrá cuánto necesita ganar de sus inversiones. Para practicar para su futuro, investigue el costo de todas las cosas que desea tener y cuánto idealmente ahorraría e invertiría. Ese es el siguiente nivel de lo que sus inversiones deben ganar para usted. Tal vez su sueño cuesta $100,000 por año. Tal vez cuesta $100,000 por mes, o $1,000,000 por mes.

¿Cuál es tu Número?

¿Cuánto cuesta actualmente ser usted? Vivienda, vehículo, comidas, desarrollo personal, viajes, gastos familiares, etc.

Gastos	Precio Por Mes	Precio Por Año
Total:		

¿Cuánto Cuesta La Visión?

Haz tu investigación. ¿Cuánto costará vivir en tu visión? Viajes, spas, residencias, restaurantes, entretenimiento, desarrollo personal, desarrollo profesional, etc.

Gastos de Visión	Precio Por Mes	Precio Por Año
Total:		

Tenga en cuenta sus números al considerar las inversiones. No puede alcanzar su objetivo si no sabe qué buscar. Si sus inversiones lo tienen cubierto, puede utilizar los ingresos de su trabajo como dinero para dar, iniciar otro negocio o depositar fideicomisos para sus hijos y nietos. Si no te gusta tu trabajo o lo que haces, puedes hacer algo que ames en su lugar. Si amas lo que haces, ¡ya estás ganando! Prepárese para la vida, no para una emergencia.

Todos deben invertir en sí mismos y posicionarse en un lugar donde puedan vivir económicamente libres, y lo más importante, con confianza financiera y tiempo. El tiempo es el activo más importante, no el dinero, así que descubra cómo maximizar su tiempo, utilizando el dinero como herramienta. Eso es todo el dinero, una herramienta. No se puede construir una casa sin herramientas. No puede preparar una buena comida para su familia sin herramientas. El dinero es una herramienta que muchas personas no tienen en su caja de herramientas cuando es hora de construir una vida mejor. Cuando las crisis económicas y las pandemias golpean al mundo, golpean a los pobres con más fuerza. Los ricos no entran en pánico porque tienen las herramientas para seguir construyendo. La confianza financiera es el conocimiento de cómo usar el dinero como herramienta, combinado con la fortaleza para enfrentar y superar los obstáculos monetarios. Incluso si no tiene el dinero, la confianza financiera significa que sabe dónde encontrar esa herramienta nuevamente y cómo usarla de manera eficiente cuando la obtenga.

Algunas personas piensan que tienen confianza financiera porque no les importa cómo gastan el dinero. Gastan con entusiasmo y entusiasmo porque no puedes tomar dinero cuando mueres. Me criaron con la frase: "No puedes llevarlo contigo". La idea de que ganar dinero persigue el viento porque no puedes hacer nada con él cuando mueres. No se trata de lo que puedes llevar contigo, se trata de lo que puedes dejar atrás. La vida se trata de legado y el legado es mucho más que dinero. Sin embargo, preferiría pedir prestado a sus descendientes o sucesores, o establecerlos para que continúen dando fruto. Cuando escucho el término "heredero" o "heredera", pienso en alguien que puede heredar un legado. ¡La mayoría de las familias no usan esos términos porque nadie está recibiendo mierda! No crecí escuchando a mis padres hablar con mis hermanos y conmigo como sus herederos.

Sin embargo, mi esposo y sus hermanos estaban en constante diálogo con su familia acerca de ser embajadores del apellido de su Familia Real. Me casé con la Familia Real Ikharo de Auchi, Nigeria (estado Edo), y me encanta ver cómo nuestra familia nigeriana trabaja continuamente para extender el legado. Saber que su abuelo o padre era rey (llamado "Otaru" en el idioma Auchi) y que usted o uno de sus descendientes podrían tener el trono es un honor. Claro, a los niños se les da una conferencia sobre la importancia del legado, que puede ser desagradable para la mayoría de los niños heredados, pero su generación puede cambiar y mejorar esa conversación para los descendientes.

49

He sido testigo de cómo las personas de toda la Familia Real de Ikharo contribuyen a diversas cuentas que respaldan diferentes causas o funciones familiares. No sabía que algunas familias tenían llamadas de conferencia rutinarias (mensuales o trimestrales) para abordar el estado familiar, las contribuciones y los gastos futuros. Me abrió los ojos a cómo una familia completa (incluida la familia extendida) puede funcionar como una unidad. Esto no significa que no haya desacuerdos (a veces serios), pero es una mirada a lo que es posible para mi legado. Ese vínculo mantiene a una familia rica.

Capítulo 4: Cómo Comprar La Felicidad

Probablemente haya escuchado la frase "El dinero no puede comprar la felicidad". Quien diga esto no sabe a dónde ir de compras. Esto es lo que quiero decir: el dinero brinda la oportunidad de comprar experiencias alegres, donar más a causas en las que crees y liberarte de preocupaciones financieras basadas en la supervivencia, como pagar los gastos diarios. Se puede eliminar el estrés adicional del dinero de crowdfunding para pagar un funeral cuando muere un ser querido, o los gastos médicos después de una enfermedad repentina. Ser capaz de comprar exactamente lo que quiere, cuando lo desee, lo hará feliz por un tiempo. No solo automóviles, bolsos y yates, sino también viajes instantáneos exóticos, experiencias culinarias en casa con reconocidos chefs. Puedes tener tu masajista favorita que conoce todos tus puntos de estrés y viene a conocerte donde sea que estés en el mundo, los mejores entrenadores y médicos para tus necesidades físicas y de salud, y un conserje las 24 horas, los 7 días de la semana.

El siguiente nivel de felicidad es traer a las personas que amas en este viaje. Una de las mejores cosas sobre el dinero es la capacidad de ser cada vez más generoso. Ver a otras personas felices y hacer una verdadera diferencia en sus vidas me hace profundamente feliz. Una cosa es poder donar $100 para que un estudiante compre libros, pero otra es poder donar $100,000 para que un estudiante pueda graduarse sin deudas o comenzar el negocio que han estado planeando. Hay historias de personas que donan millones para que toda una clase de graduados esté libre de deudas. La generosidad es gratificante. Solía querer ganar la lotería, ahora quiero ser una lotería para los demás. Eso no significa que estoy gastando dinero, tiempo u otros recursos para todas o incluso la mitad de las personas que lo solicitan. Amar dar y conocer la bondad no equivale a ingenuidad. La generosidad no siempre debe involucrar dinero, y nunca debe involucrar aprovecharse de usted. ¡Presta atención!

Uno de los momentos más felices de mi vida fue cuando pude sorprender a mi tía, quien ayudó a criarme, con un viaje de primera clase al destino de sus sueños. Lloró y me dijo que era la primera vez en su vida, que iba a poder divertirse de verdad. Como una de las hijas mayores de sus padres, tuvo que criar a sus ocho hermanos menores y cocinar para la familia. A partir de ahí, se fue a trabajar y tuvo sus propios hijos. Desde que crecí escuchándola contar estas historias de responsabilidad temprana y sueños de escapar, juré en mi corazón enviarla a las vacaciones de sus sueños cuando creciera. Nunca se lo conté, pero tuve la visión de llevarla. Lo loco es que ya había comprado ropa para ese viaje con años de anticipación y la colgó en su armario. Debido a su fe, sabía que un día llegaría a su paraíso tropical.

¿Dónde está ese lugar del mundo al que le gustaría ir, o alguien a quien ama le gustaría ir? Descubrir. A mi mamá le encanta Barcelona, España. La primera vez que la llevé, utilicé el dinero extra para becas que tenía de la escuela. Mi pasantía de medio tiempo no estaba pagando mucho, pero sabía que mi madre estaba estresada y necesitaba unas vacaciones. Tenía un pasaporte que expiraba pronto, pero nunca lo había usado. Como se acercaban las vacaciones de primavera, me compré un viaje a Barcelona, con la ayuda de mi hermana, que pagó la mitad del boleto de avión de nuestra madre. Aunque no teníamos mucho dinero para gastar, tuvimos el viaje de nuestra vida. Una noche, caminamos por el puerto para mirar los cruceros. Después de un tiempo, nos enfriamos por el agua y necesitábamos usar el baño. Vimos un gran hotel a lo lejos, así que nos aventuramos hacia él en la fresca noche. Cuando entramos, los pisos del vestíbulo brillaban como estrellas, y nuestros ojos bailaban por la escalera de caracol. Era el World Trade Center de Barcelona, que tiene un hotel maravilloso.

Al ver el asombro en los ojos de mi madre, dije: "La próxima vez que vengamos a Barcelona, nos quedaremos aquí. Al lado del mar. No sé si ella me creyó, pero volvimos tres años después, con mucho para gastar en una escapada de fin de semana de Acción de Gracias no planificada en Barcelona. Un par de semanas antes del viaje, la llamé para ver si tenía planes de Acción de Gracias. Ella pensó que yo estaba hablando de ir al año siguiente ya que el Día de Acción de Gracias estaba a solo un par de semanas de distancia. Le dije: "Vamos a ir en dos semanas y podemos quedarnos en ese hotel de 5 estrellas que vimos la última vez en el puerto deportivo". ¡Ella estaba emocionada! Mi madre y yo tuvimos grandes experiencias tanto si teníamos dinero como si no. Sin embargo, la libertad que tuvimos en ese segundo viaje fue un millón de veces más divertida. Pasamos la mitad del tiempo en Barcelona en nuestro segundo viaje, pero pudimos hacer más porque teníamos el dinero para capitalizar nuestro tiempo. Las vistas eran mejores, el servicio era exquisito y podíamos tomar un taxi para recorrer largas distancias rápidamente, en lugar de tomar el tren, lo que también hicimos cuando el tiempo lo permitió. Alquilamos scooters eléctricos y pasamos por la ciudad que amamos. Incluso conversamos en español con los propietarios de tiendas locales que recordamos de antes. Los viajes y la familia lo son todo en mi vida, por lo que estas experiencias significan todo para mí. Más que el mundo Si ser "el hermano rico" me permite allanar el camino para mi madre y mis descendientes, es lo que elegiré cada vez. En cuanto a mis hermanos, ayudo a guiarlos cuando me preguntan porque creo en enseñar a una persona capaz de pescar en lugar de subsidiar sus vidas. Al enseñar a otros a pescar, no podemos hacer que comiencen a pescar.

Descubre lo que te hace feliz y hazlo. No compre cosas para impresionar a las personas, o para encajar, porque esas cosas se comerán en su alma, en lugar de fortalecerlo. La felicidad no es un objeto; Es un estado de ser. Por eso la gente dice: "El dinero no puede comprar la felicidad". Pero, puedes comprar cosas que te ayuden a colocarte en ese feliz estado de ser. Si quieres llevar a tus hijos a una escapada mágica, ¡hazlo! Sorpréndelos con el momento de sus vidas. "¡Despierten, niños! ¡Vamos a Disney World hoy!" O a Nairobi, Kenia, en un safari increíble, y para ver un orfanato de elefantes. Lo que sea que interese

a sus jóvenes corazones. ¡Mira cómo se encienden!
Si sus hijos son adultos ahora, aún puede tener
grandes viajes con ellos. O haz algo más por alguien
que amas. Mi esposo y yo fuimos juntos a Disney
World porque nunca fuimos cuando eramos niños.
¡Tenemos que ser niños otra vez! Hay mucho en el
mundo para hacer y ver. Pero una vez más, eso es lo
que me emociona a mí y a las personas que amo.
¡Descubre lo que emociona a tu gente y hazlo!

¿Qué te emociona a ti y a las personas que amas?

Capítulo 5: Flashbacks de Cuello Azul: Ser rico con una mente pobre

Un "Flashback de cuello azul" es cuando tienes abundancia, pero accidentalmente tomas una decisión como si todavía estuvieras en la pobreza. Una mentalidad de pobreza es cuando todas sus decisiones provienen de un lugar de falta. Una de las cosas más difíciles de superar es la mentalidad de pobreza. Me tomó un tiempo darme cuenta de que las personas ricas, con vidas saludables y equilibradas, no solo tenían diferentes cantidades de dinero; tenían mentes diferentes. Pensé que yo solo quería mi visión y todo el bien y la paz a los que estaba expuesto, pero lo que quería era un cambio de mentalidad. Cuando estás acostumbrado a vivir en la falta y temes crear más deuda, aprendes a estirar un dólar. Es una habilidad importante, pero puede ser debilitante.

Si vuela en primera clase a un destino y luego automáticamente intenta tomar un autobús a su hotel en lugar de pagar un taxi, eso es un "Flashback de cuello azul". Muchos hoteles y boletos de primera clase incluyen servicios de transporte o conductores privados, por lo que escuchar un precio elevado de taxi a su hotel distante puede provocar un retroceso si ya no está acostumbrado a verlo. A veces es bueno tenerlo porque nos recuerda lo lejos que hemos llegado. Si vuela en privado, un conductor ya debería estar allí para usted cuando aterrice. Siempre considere lo que vale su tiempo. Si el metro expreso es una opción más rápida, anímate. Si necesita espacio para trabajar en privado, para relajarse o por seguridad, pague por un conductor. Lo mismo ocurre para desplazarse en cualquier ciudad a la que viaje. Me encanta tener un conductor local y profesional que sepa a dónde ir, y todos los mejores lugares, dándome un recorrido. No dejes que un "Flashback de cuello azul" te haga perder horas en un autobús caliente, un metro lleno de gente o en la parte trasera de la moto de alguien por las carreteras rocosas. Claro, podrías conocer gente nueva mientras estás perdido y divertirte, pero si ya tienes planes, esa no es la forma de comenzar. Piérdete cuando tengas tiempo y paciencia para un contratiempo. Por eso el tiempo es un bien querido.

Uno de mis "Flashbacks de cuello azul" ocurrió durante un viaje de un día desde San Francisco a Los Ángeles, California. Nos llevé a mi madre y a mí a Los Ángeles para comprar, comer e ir a la playa. Eso es esencialmente un viaje de un día de lujo. Cuando aterrizamos en Los Ángeles, esperamos casi una hora para que el transbordador de Hollywood nos llevara a Hollywood, porque eso es lo que una vez hice como estudiante, en lugar de tomar un taxi costoso. ¿Por qué estábamos esperando? En algún momento, mi madre se volvió hacia mí y me preguntó: "¿Por qué no cogemos un taxi para empezar?" Era un flashback de cuello azul. ¡Queríamos ese tiempo de regreso pero no pudimos conseguirlo! El tiempo es lo más valioso del mundo. Dinero, puedes obtener, pero el tiempo no. Todavía teníamos una increíble excursión de un día por Los Ángeles antes de tomar un taxi de regreso al aeropuerto y dirigirnos al frío San Francisco.

Haré un punto de distinción entre flashbacks de cuello azul y ser frugal. La frugalidad no es opcional en la pobreza. Es solo la vida. Ser frugal es una acción que las personas que son al menos de clase media toman para ahorrar dinero. Es una elección financiera. Sin embargo, un flashback de cuello azul es cuando olvidas que tienes opciones porque estuviste empobrecido por mucho tiempo. Estoy agradecida y bendecida de poder olvidar momentáneamente que tengo opciones y recordar nuevamente.

¿Cuáles son algunos de tus flashbacks de cuello azul? ¿Cuáles son algunas que quieres tener un día?

_____

_____

_____

_____

_____

_____

_____

_____

_____

_____

_____

_____

Capítulo 6: La Riqueza Sigilosa

La riqueza sigilosa es cuando tienes dinero pero no lo haces alarde. Los flashbacks de cuello azul son útiles para ocultar su patrimonio neto porque el dinero sigue siendo un tema tabú en muchos entornos. La vigilancia es a menudo necesaria, especialmente cuando se viaja. Personas que conocí me robaron mi dinero y mi teléfono, y todos éramos pobres o de clase media. El robo ocurre en todos los niveles de ingresos, por lo que jugar con calma siempre está a favor.

A menudo es fácil detectar a alguien que no es rico porque usa ropa con logotipos de la marca pegados a sí mismos. Las mismas personas que desembolsan dinero en efectivo por moda (reales o imitaciones), pueden no tener suficiente comida en la despensa para alimentarse a sí mismas o a sus hijos. Por lo general, no uso logotipos porque no quiero parecer que trabajo para su empresa. Si no me respalda, no estoy anunciando activamente su marca. Esa es publicidad gratuita para ti y una pérdida para mí. Sin embargo, hay ocasiones y profesiones en las que los trajes a medida y los vestidos deslumbrantes atraen a más clientes y oportunidades de facturar a tasas más altas. Además de una gala, ceremonia u oportunidad de negocio especial, me pongo una linda camisa y un par de pantalones porque estoy en movimiento. En mi trabajo diario, me atraparán con una camiseta de la Universidad de Michigan o de la Universidad de Virginia porque esos son mis maestros del alma, y pagué por ellos.

Vivimos en una sociedad de consumidores y unos pocos productores. Esa es una de las causas clave de nuestra continua brecha de riqueza. Los productores se enriquecen y los consumidores se empobrecen. Como "hermano rico", busco constantemente cosas nuevas para aprender, producir o involucrarme. Mi objetivo como productor es asegurarme de ayudar a las personas. Hay tantos productos inútiles en el mundo, pero aún se venden. Mi existencia nunca se centró en obtener ganancias para mí; se trata de crear opciones para mis descendientes y enorgullecer a quienes están delante de mí porque su lucha dio sus frutos. Quiero ayudar a la gente, especialmente a aquellos que lucharon como yo, o mucho más que yo.

Los consumidores no practican la riqueza sigilosa porque viven para mostrar lo que han comprado. La tecnología permite a los consumidores comparar sus vidas con otros consumidores fuera de su categoría impositiva. Los productores que se aprovechan de la envidia gobiernan el capitalismo. Puede pensar que están publicando fotos de sus aviones privados e islas privadas para inspirarte, pero es para que inviertas en ellos, en lugar de ti mismo. Los consumidores piensan que comprar una marca a través de productos los hace parte de la marca. Sin embargo, a menos que sea accionista o propietario, no tiene participación en esa empresa. Deja de tratar de impresionar a las personas que te rodean e impresiona a la persona dentro de ti.

Cuando mi padre murió, mis hermanos y yo recibimos cuentas de fondos fiduciarios que contienen $12,000. Para retirar de la cuenta, tuvimos que retirar un mínimo de $250 por vez. Yo tenía 20 años, mi hermana tenía 18 años y nuestro hermano tenía 17; el tuvo que esperar un año antes de poder acceder al dinero porque era menor de edad. Como adolescentes y yo de 20 años, pensamos que lo habíamos ganado. La mentalidad ganadora de la lotería en pleno apogeo. Eso fue en 2010, y fue un buen momento para comprar bienes raíces después de la Gran Recesión en los Estados Unidos. El dinero era barato porque las tasas eran bajas. Eso significa que podría pedir prestado dinero de los bancos a tasas de interés más bajas y pagar una cantidad menor en total a lo largo del tiempo. ¿Alguno de nosotros compró bienes raíces? ¡No! ¿Nuestra madre sugirió alguna ruta financiera que pudiéramos tomar? ¡No! No sé qué compraron mis hermanos, pero pagué el alquiler, viajé a ciudades cercanas y compré relojes de $300 y bolsos de diseñador hasta que todo desapareció. Hoy no tengo ninguno de esos artículos, lo que significa que no tengo nada que mostrar por $12,000. Por otro lado, Timothy Sykes, un inversionista, convirtió los $12,000 de su Bar Mitzvah en $2,000,000 antes de cumplir los 30. La diferencia de mentalidad entre ricos y pobres es una locura. Ni siquiera ganaba $12,000 por año en mi trabajo, pero gasté una cuenta de $12,000 en pasivos dentro de un año. Después, pasé años pateándome por tirar $12,000, antes de que pudiera dejarlo ir. Decidí simplemente recuperarlo y hacerlo mejor.

Cuando tuve en mis manos esos $12,000 en la universidad, la riqueza oculta era lo más alejado de mi mente. No podía esperar para verme rico en mi elegante universidad, llena de niños realmente ricos. Eso fue una tontería, pero finalmente, aprendí. Diría que crecí, pero desafortunadamente el envejecimiento no equivale a educación financiera. Si lo hubiera invertido, hoy tendría algo que mostrar: una cartera. Esto se debe a que la riqueza oculta piensa a largo plazo, en lugar de a corto plazo. Hacerse rico durante unos meses o un año no es como vivir el resto de su vida en libertad financiera.

Crecí escuchando acerca de hombres que conducían autos de mierda a negocios que tenían en áreas difíciles, pero que tenían un Bentley estacionado en casa. No compré mi auto para impresionar a la gente; Lo compré porque lo disfruté en mi prueba de manejo. La mayoría de las veces, tomo el tren porque es más rápido. Si estoy demasiado vestido para molestarme en ser acosado en el metro, tomo un taxi.

Sin embargo, no tenía idea de que los servicios de transporte presentaban un problema importante en los Estados Unidos. En Michigan, la gente conduce como la norma, por lo que no estaba familiarizado con los entresijos de los taxis ricos cuando me mudé al área de Washington, DC. Me encontré en una situación en la que le dije a un asociado que iba a tomar un taxi a casa, y ella exclamó: "¡Ay! Puedo decir que eres rica ahora." El taxi solo costaría $10, pero ella no lo sabía. Simplemente sabía que yo estaba pagando dinero por un taxi en lugar de tomar el tren, como ella, o conducir como todos los demás.

Al principio, traté de adaptarme adentro, pero luego dejé de tratar de actuar como alguien más en medio de la noche y llevé mi culo a casa...en un Uber. A veces las personas ricas cometen errores y dicen cosas malcriadas en el lugar equivocado. Pero ser yo mismo podría exponer a alguien a nuevas oportunidades y cambiar su vida. No tengo mucho tiempo para saltar al aro y complacer a la gente, así que a veces puedes escuchar algo que te hace darte cuenta de lo malcriada que estoy, pero me rompí la espalda por todo lo que tengo, así que realmente no me importa si me mimo ahora.

Me importó tanto lo que pensaba la gente, que me perdí. No digo cosas intencionalmente para lastimar a las personas porque creo que mi propósito en la vida es hacer una diferencia a través del servicio. Las personas ocultan intencionalmente su riqueza de los demás para evitar conversaciones incómodas. No solo estoy hablando de la conversación de brecha de riqueza, sino de situaciones como su primo, a quien apenas conoce, pidiéndole que invierta en su negocio sin tener un plan de negocios o un historial de ejecución.

¿Y qué hay de tus pobres hermanos?

Realmente me importa que mis hermanos sean pobres. Quiero ayudar con la educación financiera y lo he hecho. No significa que les esté pasando dinero u otros recursos porque no creo en permitir malos hábitos financieros. Además, no son mis hijos. Para ser honesto, tampoco le pasaría frívolamente dinero a mis hijos. Creo en ganar tu fortaleza. Como dijo Warren Buffett, "Debes dejar a tus hijos lo suficiente para que puedan hacer cualquier cosa, pero no lo suficiente para que no puedan hacer nada". Es difícil para muchas personas ser financieramente libres porque están vinculadas a obligaciones con su familia extendida: hermanos adultos, primos, tías, tíos y más. Es honorable ayudar a su familia y amigos cuando puede y cuando quiere. Sin embargo, si sus hijos no pueden tener oportunidades porque le está pagando a miembros de la familia extendida, lo está haciendo mal. Varios de los amigos de mi padre solo aparecieron cuando tenía dinero. Todos los días de pago, veía las mismas caras en nuestra casa. Sus amigos sabían que era generoso y que pagaría cualquier cosa, incluidas las que se consideran drogas y alcohol de primera calidad. Si bien es genial ser generoso, tus amigos y familiares no deberían estar usándote y solo verte el día de pago.

Capítulo 7: Cómo Prestar Dinero a la Familia

Para hacerse rico, debe dejar de cargar peso muerto. Las personas que dicen que te aman saltarán sobre tus finanzas con todos sus sollozos y te llevarán al suelo. Citarán las escrituras religiosas sobre por qué deberías darles dinero, incluso si no se lo dan a nadie. Algunos de ellos comenzarán con "Odio pedir dinero", y luego pedirán dinero. No sé sobre ti, pero generalmente no hago cosas que odio. No puedes construir riqueza como un mal administrador de lo que tienes en la vida.

A menos que tenga un banco familiar creado con fideicomisarios y documentación legal, o si desea dar algo libremente, simplemente diga "¡No!" cuando los familiares piden dinero. Debe saber cuándo su relación con una persona no es auténtica. La sangre sola no hará que la gente te ame. Como buena persona, debes dar de ti mismo, y las mejores personas son buenas incluso con quienes las persiguen, pero no seas tonto sobre cuándo, cómo o a quién eliges dar. No pague a las personas que no se preocupan por usted como un signo de lealtad de sangre o porque son viejos amigos. Son familiares y viejos amigos por una razón. Su familia extendida está compuesta por cualquier persona fuera de su hogar de adultos elegido. Este no es el hogar en el que creciste. Si vives solo, eres el único núcleo de tu familia. Si está casado, su familia inmediata es usted, su cónyuge y cualquier hijo que tenga. Sus hermanos se convierten en una familia extensa cuando crezca porque todos comenzarán a criar a sus propias familias. Puede calificar "extendido" e "inmediato" como desee, pero es un "No" inmediato de mi parte a menos que decida comprarle lo que necesita, en lugar de darle dinero en efectivo.

Me encanta dar y lo hago alegremente, pero la extorsión es inaceptable. "Dame dinero porque lo tienes y no sé cómo guardarlo". Eso es tonto. "Dame dinero porque tengo una idea de negocio increíble que me hará rico". Si crees en ello, ¡trabaja por ello! Sé de clientes que regalan millones a familiares y amigos porque todos dijeron que tenían grandes ideas de negocios. No invierto en cosas que no sé. No me gusta cuando la gente renuncia a construir relaciones reales u ofrecer servicios antes de pedir dinero. También no me gusta que las personas soliciten descuentos en los servicios porque somos del mismo género o etnia. No dude en apoyarme porque nos parecemos, pero no lo use para tratar de aprovechar mi negocio y amabilidad.

Vamos a profundizar. Hay un par de formas comunes de tratar con la familia y el dinero. Uno está regalando, y el otro está prestando. Si le das dinero a la familia, asegúrate de saber que es un regalo. Eso significa que no se espera que nadie le reembolse o le deba de ninguna manera. Necesita saber que es un regalo, o albergará sentimientos de resentimiento la primera vez que esa persona le falte el respeto o lo ignore después de su donación amorosa. Dejando de lado el dinero, nadie debería faltarle el respeto, pero después de haberle pagado a esa persona, la falta de respeto tiene más importancia. Si está dando, para luego recibirlo, ese no es un verdadero regalo, es un préstamo. Primero debes ser claro contigo mismo. Si desea prestar dinero, consíguelo por escrito. No todos van a establecer un Banco Familiar, pero es una opción de riqueza a largo plazo. Su palabra y un apretón de manos no serán suficientes cuando se trata de un préstamo, especialmente con la familia.

La familia juega con tu corazón y tus sensibilidades, también como el dinero. Por esa razón, la familia y el dinero pueden crear conflictos hasta nuestros corazones. Nuestros corazones están apegados a las cosas que atesoramos, y podemos mentirnos sobre el orden de importancia de esas cosas. Sin embargo, tu corazón sabe la verdad. Puede decir que atesora a su primo o hermano más de $50,000, o un millón de dólares, pero cuando no puede pagar el préstamo, salen los cuchillos. Obtenga un contrato sobre los términos del préstamo, incluyendo cuándo vencen los pagos y cuánto serán. ¿Cuáles son las consecuencias del incumplimiento? Se llama préstamo de alto riesgo por una razón. Asegúrese de que ambas partes entiendan los términos, firme documentos que digan que entienden los términos y obtenga todo notariado. Luego archívelo virtualmente y obtenga copias impresas. ¡Cubre tus bases! Los miembros de su familia o amigos pueden decir que tu no confía en ellos, pero es tu dinero lo que pidieron. No se trata de confianza, se trata de responsabilidad y límites. Tienes una responsabilidad contigo mismo y con tu tiempo. Lleva tiempo perseguir a tu hermana por el dinero que le prestaste para reparar su auto, a pesar de que usa un atuendo nuevo todos los días, se va de vacaciones de lujo y compra muebles nuevos cada pocos meses. A menudo les pregunto a mis hermanos y a otros cómo obtendrían el dinero si no lo presto, y cuál sería el resultado si no lo obtienen de ninguna parte. Sus resultados no cambiarán mi decisión, pero espero que les ayude a buscar alternativas.

Capítulo 8: Tiempo y Límites

"Tiempo y límites" pueden ser fácilmente dos capítulos separados o libros separados, pero los agrupé porque establecer límites le ahorrará tiempo. Decir "No" no te hace una mala persona, significa que te importa tu tiempo. Uno de los mayores límites que los hermanos ricos (y los padres ricos) tienen que establecer es un límite financiero. El siguiente es el tiempo. Es posible que el solicitante no quiera pasar tiempo con usted, pero lo que le piden que haga toma tiempo. Puedo sentir cuando alguien quiere pedirme algo. Como "hermano rico", es difícil ver a las personas que ama luchar para llegar a fin de mes, pero también veo que toman malas decisiones. Decir "No" no significa que no puedas ser generoso. Sin embargo, no todas las donaciones son saludables para ellos o para usted. Cuando sé que alguien quema dinero, no me siento inclinado a darle dinero. Sin embargo, siempre estoy abierto a hablar con ellos sobre cómo invertir, presupuestar y vivir dentro de sus posibilidades. Mi objetivo es ser un ejemplo de libertad financiera para que otros puedan reclamar su libertad. Mi objetivo no es permitir que los adultos aptos para dormir en mi billetera.

Además, cuando se trata de mi tiempo, no soy el asistente personal de nadie. Mi hermano me preguntó si era secretaria porque era su única suposición de lo que podría estar haciendo. Me encantan las secretarias y los asistentes, pero no es mi vocación. Arruinaré tu horario. Estar al servicio de los demás no significa que voy a investigar su idea de negocio y escribir el plan. Tampoco tengo tiempo para ayudarlo a editar una subvención para una oferta o una organización sin fines de lucro. Contrata a un profesional o voluntario con ese conjunto de habilidades si no tienes los fondos. Hay grandes proyectos que no tengo tiempo para emprender. A veces haré una lluvia de ideas con usted si tengo antecedentes en su interés. Sin embargo, no perderé mi tiempo si no tengo para dar. El tiempo de préstamo es más valioso que el dinero prestado, pero no tenemos bancos familiares o bancos institucionales para eso. La gente querrá "explorar tu cerebro" y pasar incontables horas contigo, pero debes establecer límites. No puede pagarle a mi marido para que haga algo si él no quiere hacerlo. No hay precio porque su tiempo es invaluable. Aprendí el verdadero significado de invaluable de él. Es un lingüista brillante, en varios idiomas, y le ofrecí pagarle todo tipo de dinero para que me editara algo, pero no lo hizo. Traté de intercambiar con él usando otras cosas, pero él no se movió. Me divertí mucho intentando, y sé que él me ama, pero no tuvo tiempo porque no era su contenido de edición preferido. Prefiere la ficción, no la no ficción. Respeto sus límites porque lo amo y porque me respeto a mí mismo.

No sé cuánto tiempo me han pedido las personas, pero soy frugal con eso. ¡Tú también deberías serlo! He tenido mucho estrés en mi vida, así que el tiempo libre que tengo es para mí y para las personas que elijo. Para algunas personas, puedo parecer breve, pero amigable. Es porque el tiempo es valioso, pero no lo suficiente como para ser un completo imbécil.

No digo ni me relaciono demasiado con ciertas personas porque intentarán sacarme una sesión de terapia completa y no remunerada. Contrata a un profesional. Podemos hablar, y puedo prestar un oído de vez en cuando, pero no seré utilizado como terapeuta o tomador de decisiones en su vida. Mi consejo es que te haga un par de preguntas y me haga a un lado para que decidas por ti mismo. Hay momentos en que mis hermanos quieren que cuide a mis sobrinas y sobrinos. Los amo, pero no siempre tengo tiempo para ser un cuidador. Cuando tengo tiempo, doy todo mi alma. Nos lo pasamos genial. En otras ocasiones, los ayudo con la tarea virtualmente. Tener riqueza a largo plazo en tiempo y dinero requiere límites.

He crecido hombres en mi familia pidiéndome que les preste miles de dólares. Ni siquiera parpadearon. O me devolvieron mi dinero en algún momento desconocido en el futuro o con un pequeño interés en la cima. ¡Dáme un respiro! Cada vez que obtiene un préstamo del banco, ¡ese banco quiere que les pague mensualmente! Y si se atrasa en un pago, debe pagar intereses y, a veces, multas adicionales. Eso es usura, pero es vida. Escuche, si no puede devolver dinero a un banco (incluso sin intereses), no podrá reembolsarme sin intereses, así que no estoy interesado. La gente, especialmente la familia, le pedirá que pague por adelantado por todo su negocio porque está relacionado. Si pago para que comiences tu negocio, ahora es mi negocio. Así es como funcionan las acciones de una empresa y cómo se configura un Banco Familiar. Si no paga su hipoteca o nota de automóvil, pertenece al banco. Si te regalo el dinero para comenzar tu negocio porque llegaste a mí con un plan sólido, con proyecciones financieras (o un Pro-forma), y confío en ti, eso es una cosa, pero un préstamo es algo completamente distinto. Si no sé si tiene un historial de responsabilidad, no obtendrá un préstamo de mi parte. Ese es un límite que tengo que establecer. La mayoría de las veces, no es necesario que me muestres un plan de negocios porque ya he visto tus acciones. No necesito ver la mierda que has manchado en cien páginas. Salva un árbol y toma asiento en su lugar. Estoy tan atento a mi tiempo. ¿Cómo va a hacer que mi tiempo contigo valga la pena, si no valoro el tiempo que pasé contigo igual? Ahí es donde entra la generosidad, pero debes tener límites. Sepa cuánto tiempo está dispuesto a dar, cuándo y a quién. ¿Qué puede hacer esa persona con su tiempo para agregarle valor?

A menudo, hay otras formas para que obtengan lo que necesitan, pero depende de usted decidir cuándo donar. Si alguien realmente lo necesita, y me siento obligado a dar a esa persona, le daré dinero, tiempo o compraré lo que necesitan. Por lo general, compro lo que necesitan, como una preferencia personal. Dar no tiene que ser dinero, aunque a menudo lo es. No espero nada a cambio, pero me encantaría que lo paguen si ven a alguien más necesitado en el futuro, o a las generaciones que vienen detrás de ellos.

Para ahorrar tiempo, generalmente recomiendo a las personas que conozco que busquen cooperativas de ahorro y crédito o bancos, pero a menudo no quieren ir a los bancos porque los bancos ya han dicho: No, debido a su mal crédito o pobre historial con ese banco. Si ya le debe al banco $1,000 por sobregiros, o está en mora por $5,000, no querrán prestarle más. Es un alto riesgo. Esas no son grandes sumas de dinero para bancos o cooperativas de crédito, pero es una señal de que no ha sido responsable con el dinero, incluso en pequeñas cantidades. Si no puede administrar un poco, no puede administrar demasiado. Al igual que si mintieras un poco, mentirías mucho. Los buenos administradores del dinero y otros bienes tienden a recibir más, mientras que los administradores pobres pierden más. Esto también se escribe como la "Parábola de los talentos". La persona que pudo administrar más se le dio más y produjo más con ella. ¡Es bueno ser fructífero! No estoy hablando de las personas que no tienen servicios bancarios y que no confían en los bancos porque esos bancos en particular han hecho cosas injustas y de mierda a sus comunidades. Muchos de ellos ahora están haciendo que la vida funcione bien con las cooperativas de crédito, o algún otro sistema financiero que se sienta solidario. Estoy hablando de las personas que constantemente tienen su mano en la mesa de otra persona, pero que nunca tienen nada que aportar. Ofrecen promesas pero no garantías. "Si me prestas dinero, prometo devolverte el dinero". No puedo alimentar a mi hogar con una promesa. No puedo ayudar a elevar las comunidades con promesas. Mi alma ama la esperanza, pero mi cuerpo se muere de hambre solo por la esperanza. Tengo que ponerme a trabajar. Mi dinero funciona. Mi fe funciona. Estoy rodeado de trabajo. Me encantan las personas que cumplen sus objetivos porque se ponen a trabajar.

Muchas personas que conozco en mi familia no tienen cuentas bancarias. Las razones son variadas, como se discutió anteriormente. Debo tener límites porque si prestamos dinero, estamos hablando de firmar un acuerdo con una persona que no implique una cuenta financiera. Se trata de prestar, no dar, lo cual es diferente porque es un regalo y no tiene que devolverse. Conozco a alguien que tenía más de un millón de dólares en bonos almacenados en una caja en el ático, pero esa persona también tenía cuentas financieras con al menos la misma cantidad. Puede tener una caja fuerte o bóveda en un lugar privado de su elección, pero si busca la libertad financiera, también debería tener algún tipo de cuenta financiera para interactuar con la creciente riqueza del mundo. No me siento cómodo prestando dinero a alguien sin una cuenta financiera y una relación fiduciaria. Compartir una relación de sangre no lo hace cómodo. Elegir cobrar sus cheques en un establecimiento de cambio de cheques, que mantiene un porcentaje de su cheque como tarifa de servicio, no es una decisión financiera acertada. ¡Es una decisión que he visto demasiado! Los que no tienen cuentas financieras a menudo usan lugares de cambio de cheques si no pueden obtener un cheque cobrado en el trabajo o en una institución financiera. Por lo tanto, si escribo un cheque y usted va a un establecimiento de cobro de cheques, el 10% de mi préstamo para usted va a otra persona. Esos establecimientos generalmente mantienen entre 1% y 12% de cada cheque que cobran. No prestaré dinero, bienes u otros recursos a mayordomos pobres. No me preocupan las grandes ideas de negocios de los administradores pobres, y no lo recomendaría. Siempre establezca límites para proteger su tiempo y otros recursos.

Capítulo 9: Relaciones Ricas: Elegir un Corrillo

Este es uno de mis capítulos favoritos. Lo más importante que tengo en mi vida es mi corrillo íntimo. En la escuela secundaria, originalmente me refería a mis amigos más cercanos como el "Partido Interior" porque me encantaba la novela de George Orwell, 1984. La novela contiene divisiones de clase muy realistas, pero para nosotros, el "Partido Interior" era simplemente un nombre inteligente para un grupo especial de amigos. Esta es la vida de los nerds, y me encanta. Las personas que elijas mantener cerca de ti darán forma a tu vida. Cuando los reinos caen, a menudo comienza desde el interior. Eso significa que alguien dentro del reino ayudó a alguien más afuera a derribarlo. Sin embargo, un corrillo fuerte puede conquistar y resistir todo. Si las personas de tu círculo no pueden ayudarte a sanar, crecer y sobresalir, estás en el círculo equivocado. Si eres la persona más inteligente o más inteligente del grupo, estás en el corrillo equivocado. Muchos de nosotros sabemos lo que es ser el líder de un grupo. Sin embargo, un círculo no tiene cabeza ni cola. Todos en su círculo íntimo necesitan agregar riqueza y energía positiva. Hay momentos en que todos enfrentamos obstáculos, pero si tu vida siempre está sumergida en la negatividad, revisa tu círculo íntimo. Puede estar rodeado de chupasangres, o usted puede ser el problema.

El discernimiento es la clave. Uso la palabra "inducir" porque elegir miembros no debe tomarse a la ligera. En el pasado, me rodeé de personas que vivían cerca de mí. Tenía poco que ver con el carácter, la moral o la visión, solo la proximidad. Vivíamos en la misma área o íbamos a las mismas escuelas, y tal vez nos gustaban las mismas canciones, jugábamos los mismos deportes o no nos gustaban las mismas cosas. En algunos casos, nuestros padres crecieron juntos. A medida que permanecimos juntos a lo largo de los años, me sentí cómoda por el tiempo que pasamos. Nuestras conversaciones se centraron en la nostalgia, y no se discutió nada sobre nuestro futuro juntos. Si las conversaciones eran sobre el presente, cada uno tenía suficiente drama familiar para llenar la sala. Sin embargo, cuando ejecuté aspectos de mi visión o compartí detalles con ellos, pude sentir la tensión entre nosotros. Me estaba elevando a un nuevo estándar, solo. A veces las personas en tu corrillo crecerán contigo, pero es una gema rara. Cuando me mudé, me conocí a mí mismo y a las personas nuevas. Me di cuenta de que había estado en un grupo que odiaba hacer nuevos amigos y estaba orgulloso de ello. Para ellos, era un signo de lealtad. No tenía nada que ver con el carácter.

Esa lealtad nos estaba atrapando en una caja que no se estaba transformando. Nos conocíamos unos a otros por quiénes éramos anteriormente, y no quiénes éramos actualmente o en quién nos estábamos convirtiendo. Era fácil hablar brevemente sobre algunas cosas que queríamos en la vida, pero nadie a mi alrededor estaba ejecutando. Todo fue charla o bochinche. Crecí con todo lo que se hablaba y no se actuaba, y había elegido alinearme con personas como siempre había conocido. Era familiar Fue cómodo. Darme cuenta de que estaba estancado fue un rudo despertar. Si quieres algo diferente, debes dejar de lado lo familiar. No tiene que echar a todos si no quiere, pero necesita reorganizar su vida y su corrillo. Eso incluye a la familia.

Mi corrillo originalmente consistía en mi familia: padres, hermanos, primos y abuelos. Algunos de mis consejos más contraproducentes provienen de ese círculo. Esto no es falta de respeto, sino los hechos de mi vida. Escucha, si no quieres el estilo de vida de alguien, no tomes el consejo de esa persona. Sea respetuoso con sus sugerencias, pero no las tome en serio. Comencé a cambiar de marcha en la escuela secundaria y me alineé con compañeros que hablaban de objetivos y se divertían. Estaba siendo empujado a crecer demasiado rápido porque me veían como "maduro más allá de mis años", pero quería ser una niña. Evité a los niños de 12 y 13 años que tenían relaciones sexuales, consumían drogas y quedaban embarazadas. Eso no fue divertida para mí. Como nunca tuve una conversación sexual con mis padres, tuve que tomar decisiones sexuales por mi cuenta. La decisión más importante que tomé cuando era niña fue dejar de depender de mi familia para que me guiara. Eso puede sonar duro, pero cada vez que los escuchaba, me metía más en problemas. A la mayoría de nosotros se nos enseña obediencia ciega a la autoridad cuando éramos niños, pero tuve que despertar. Me sentí atrapada en una vida que no era para mí. Cuando veo a niños o estudiantes mayores que luchan contra la depresión y los pensamientos suicidas debido a su vida hogareña, siento algo por ellos. Lo siento por ti. Tener 12 o 13 años es realmente una edad de cambio.

Fue a los 13 años que decidí a qué universidad quería ir, durante una excursión de matemáticas a la escuela. Mi familia me animó a mirar hacia la universidad comunitaria, pero quería ir a la Universidad de Michigan. Decidí apoyarme en mis maestros y en los padres de mis amigos. Doy gracias a Dios por la oportunidad de estar en la sala con personas que realmente pudieron verme y que realmente querían lo mejor para mí. Así es como debería verse un corrillo. Debe sentirse cálido y como un hogar espiritual. Cuando dejas una reunión con ellos, o después de una llamada telefónica, debes sentirte rejuvenecido. Deberías sentirte amado. No deberías sentirte agotado. Estoy muy contento de haber aprendido a amar, alentar y respetar a las personas. Aspiraba a ser como las personas sobre las que leo, como Oprah Winfrey, Warren Buffett, Robert Kiyosaki y más tarde, el Dr. Eric Thomas y Jemal King. Sus historias de vida, aunque diferentes, resonaron conmigo.

Mis hermanos y yo éramos, y aún somos, parte de diferentes corrillos. Dado que muchas conversaciones formativas importantes no estaban sucediendo en casa, aprendimos sobre la vida en nuestros grupos separados, especialmente con nuestros compañeros. Como era unos años mayor, fuimos a diferentes escuelas después de que salí de la escuela primaria. Cuando estaba en el colegio, mi hermana estaba en la escuela secundaria y mi

79

hermano todavía estaba en la escuela primaria. No conocía a muchos de sus amigos, pero conocía a algunos. Mi hermano era un jugador, por lo que salía con los jugadores. Mi hermana se sintió atraída por la emoción y los chismes, por lo que salió con niños que eran infames en la escuela y en el barrio. Todos éramos tan diferentes, que nuestros compañeros no sabían que ninguno de nosotros estaba relacionado. No importa si compartes los mismos padres, las personas son diferentes. Esas diferencias son más pronunciadas a medida que cambian los corrillos, la educación cambia, las finanzas cambian, la espiritualidad cambia y cualquier otra cosa que pueda nombrar. He escuchado muchas historias de orden de nacimiento que dicen que, como soy el mayor, estoy motivada para liderar y tener éxito. Esa lógica haría a cada anciano un líder. Las personas son simplemente diferentes. Soy una hija mayor exitosa, pero me casé con un hijo mediano exitoso. Soy amiga de la familia más joven y exitosa. Algunos padres tienen hijos adultos exitosos y felices. Cuando hablo de éxito, recuerda que estoy hablando de libertad y opciones. Para tener éxito, la naturaleza es muy importante, pero es la nutrición de nuestros compañeros, no solo los padres, lo que nos da más forma. Tu círculo es muy importante. Podría decirte que eres el promedio de las cinco personas con las que pasas más tiempo, o puedo decirte que eres como tus mejores amigos. Si estás contento con tu ubicación, ¡eso es excepcional! Sin embargo, si no eres feliz, mira internamente y mira a las personas que te rodean.

¿Quién está en tu corrillo?

Probablemente no sea suficiente espacio para escribir sobre las personas que amas, pero piensa en las personas con las que estás rodeado. ¿Te incluirían también en su círculo?

Nombre	¿Por qué amas a esta persona?

Capítulo 10: Mantener un Matrimonio Rico

Sería negligente si no me tomara el tiempo para resaltar la mejor parte de mi corrillo: mi marido. No hay forma de que mis alegrías sean tan altas como lo son sin mi cónyuge. Mis mínimos serían mucho más bajos sin amor. Sí, estaba feliz y contenta con mi vida mientras estaba soltera. Sin embargo, mi cónyuge me elevó internamente a un lugar al que no podía llegar sola. Nuestro matrimonio es una riqueza propia. Es rico en amor, apoyo, aliento, amabilidad, romance, ternura y alegría. Antes de casarnos, recibimos asesoramiento para prepararnos para nuestro viaje de toda la vida juntos. Este asesoramiento provino de un profesional que también tuvo un matrimonio rico. Use el discernimiento para elegir quién puede aconsejar sobre cualquiera de sus relaciones, especialmente su matrimonio. Esta persona debe ser un profesional y tener en qué está trabajando. Es como un consejo financiero. No busco consultas financieras de personas sin finanzas fuertes. Conozco personas que se consideran consejeros matrimoniales, pero que tienen matrimonios terribles. Aparte de un abogado o pastor excelente y confidencial, nadie más debe estar al tanto de su matrimonio.

Estoy muy agradecida por mi marido. Estoy agradecida por la forma en que practicamos el amor. No nos gritamos el uno al otro porque no nos llegarán soluciones significativas durante una pelea de gritos. No nos maldecimos porque no se puede encontrar amor en esas palabras. Es difícil controlar la naturaleza salvaje y duplicada de la lengua, pero debe hacerse. No significa que no puedas gritar, maldecir y casarte durante 50 años. Esa no es la forma en que pasamos nuestro tiempo en nuestro matrimonio. Mientras salíamos, practicamos los mismos principios porque queríamos cosechar un matrimonio amoroso y fructífero. Cuando las personas u organizaciones piden mi tiempo, mi decisión de aceptar se compara con el tiempo que podría pasar pacíficamente con el amor de mi vida. Mi querido. Si puede sembrar algo mejor para nosotros, puede que valga la pena, pero es una decisión que generalmente tomamos juntos. Digo "generalmente" porque siempre hay espacio para mejorar.

No me criaron alrededor de matrimonios saludables o muchos matrimonios en absoluto. No vi muchas relaciones saludables de ningún tipo hasta que conocí a los padres de mis amigos. Recuerdo cuando mis padres se casaron, los muchos años que pasaron debatiendo el divorcio y cuando decidieron finalizar el divorcio, aunque siguieron siendo amigos. A lo que estaba expuesta originalmente, ya sea en mi hogar, en otro lugar de mi familia o en mi comunidad, no era lo que quería para mí. Recuerdo haber dicho que quería casarme antes de tener hijos, y la respuesta para mí fue cortante: "Nunca se sabe lo que va a pasar". Estoy tan contenta de no haber dejado que la mentalidad de esa persona arruine la mía. Había visto a muchas madres (y algunos padres) luchar para criar a sus hijos solos. Esto no fue porque su pareja o cónyuge falleció, o se enfermó o de alguna manera no pudo mantener aunque quisieran, sino porque llevaron a un hijo a una relación poco saludable. La pobreza no hace que una relación sea insalubre, las acciones sí. Muchas personas ricas tienen matrimonios poco saludables, y no los consideraría totalmente ricos en la vida. La persona a la que posas tu cabeza junto a los asuntos. La persona con la que te relacionas importa en qué medida llegarás.

Lo único que mi marido y yo recomendamos a las personas que están saliendo es viajar juntos. Debes meterte en una situación que se supone que es buena, pero donde muchas cosas pueden salir mal. Presta atención a la forma en que esa persona trata a las personas: los meseros, botones, asistentes de vuelo, conductores y todos los que te encuentres. ¿Cómo responde esta persona a un conflicto repentino? Viajar es similar a la vida en que es un viaje, pero la mayoría de las personas se enfocan únicamente en el destino. Si descuidas el viaje, tu destino no será tan dulce. Si tiene una mala comida antes del viaje, siéntese en los peores asientos del avión / tren / autobús y apenas duerma, su viaje será difícil. La irritabilidad es más probable, y el desacuerdo puede surgir de molestias menores. Si pasa su viaje discutiendo o corriendo hacia el destino, se cansará antes de su llegada. Trate su viaje tan bien como su destino. Cada vez que viajamos mi cónyuge y yo, comenzamos un día antes y conseguimos un hotel donde vivimos, pero cerca del aeropuerto. Organizamos el transporte por adelantado o nos aseguramos de que el hotel tenga transporte al aeropuerto, para que no tengamos que preocuparnos por eso. Pasamos nuestro tiempo en el hotel pasando el rato, y si está cerca de un distrito popular, podemos salir a la ciudad. Dependiendo de la ocasión, podemos contactar al hotel o pedirle a nuestro concierge que arregle algo especial para nosotros en nuestra habitación. De todos modos, la ocasión es maravillosa porque nos estamos preparando para otra aventura juntos. Bromeamos y reímos. No nos tomamos demasiado en serio. Ha habido momentos en los que deberíamos haber perdido nuestro vuelo, pero no nos estresamos y lo logramos. Ser sensatos nos permite pensar con claridad y resolver problemas a medida que surgen, en lugar de debatir si uno de nosotros lo causó. Podemos evitar que las cosas vuelvan a suceder después de resolver el problema. La solución a menudo revelará lo que salió mal y podemos ajustarlo en consecuencia. Debido a que mi marido no disfruta el proceso de viajar, trabajé con él para encontrar una manera de hacer que el proceso se sienta menos como una tarea. Utilizamos el dinero como herramienta. Comenzar un día antes en un gran hotel hace que el viaje sea mejor. Tener acceso a salones especiales dentro del aeropuerto donde podemos bañarnos, recibir masajes, comer y relajarnos, hace que mi cónyuge se sienta como si estuviera en otro lugar que no sea un aeropuerto abarrotado. Puede agarrar sus auriculares con cancelación de ruido y acercarse a disfrutar.

Cuando mis amigos y yo viajamos juntos, también frecuentamos los salones. Para amigos que no lo habían estado anteriormente, es una alegría verlos encenderse mientras están expuestos a un mundo nuevo. Mi madre también disfruta de los salones. Un gran viaje puede fortalecer y mejorar cualquier relación. Estas son las pequeñas cosas que hacen que el viaje sea agradable, por lo que el destino puede ser aún más gratificante. Lo mejor de mi viaje es que tengo la suerte de pasarlo con el amor de mi vida: Jibril A. Ikharo.

Aquí hay un espacio para que puedas soñar despierto sobre la persona que amas o te gustaría amar:

_____
_____
_____
_____
_____
_____
_____
_____
_____
_____
_____
_____
_____
_____
_____
_____
_____
_____
_____

Capítulo 11: El Juego Final

"Siembra tu semilla en la mañana, y en la noche no dejes que tus manos estén inactivas, porque no sabes cuál tendrá éxito, si esto o aquello, o si a ambos les irá igual de bien". - Eclesiastés 11:6

Este es un verso vital en las Escrituras y en la vida, lo creas o no. Si pone todo su trabajo en su único trabajo, todos sus recursos en una sola empresa, solo planta una semilla o pone todos sus huevos en una canasta, si algo sale mal en esa ruta, no le quedará nada . Debemos tener opciones porque no sabemos lo que traerá el final. Sembrar por la mañana requiere preparación y presciencia sobre el final del juego. Debido a que no sabes qué empresas o posiciones darán la mayor cantidad de fruta (o cualquier fruta) al final, siembra múltiples semillas y no dejes de sembrar solo porque es tarde en el juego. Nunca esté inactivo cuando debería sembrar. Si no está cosechando, es hora de sembrar. Después de cosechar, puede volver a sembrar.

Recuerde que no cosechará lo que no sembró. Si quieres cosechar naranjas al final, no pierdas el tiempo sembrando semillas de manzana. Si no siembras hacia la educación financiera y la libertad financiera, no la cosecharás. Si quiere cosechar un matrimonio saludable, no siembre semillas de celos, orgullo, abuso, blasfemias o negligencia. Siembra comprensión, paciencia, amabilidad, respeto y amor. Siempre aprovecha al máximo tu tiempo. No sé cuántas personas comprarán este libro, o cuántas personas serán tocadas por él, pero sé que tengo que sembrarlo para que tenga la oportunidad de crecer y prosperar.

Las diferencias entre mí como "hermano rico" y mis hermanos pobres se muestran en el juego final. Nunca me he propuesto sembrar sin un plan para el final. Al escribir sobre la exposición, la visión, la reexposición, la ambición, y la ejecución, la raíz de esto es sembrar por la mañana, durante toda la noche y cosechar al final. La fe está involucrada porque no sabemos qué semillas serán exitosas, aunque queremos que todas lo sean. Este libro trata sobre las diferencias en la forma en que gastamos nuestro tiempo, no nuestro dinero. Los productores pasan tiempo innovando, mientras que los consumidores pasan tiempo buscando formas de gastar. Quien es ahora y lo que tiene son los resultados de cómo ha pasado su tiempo. Si desea algo diferente en el futuro, debe cambiar la forma en que pasa su tiempo.

Hacerse rico y lograr riqueza es como ponerse en forma y mantenerse en forma. Se necesita un trabajo constante. Sin embargo, algunas personas lo tienen más fácil que otras, mientras que otras simplemente lo hacen parecer fácil. No piense que debido a que su amigo parece aumentar la riqueza sin esfuerzo, el trabajo no está involucrado. Además, no tenga miedo de pedir o pagar por dirección.

Tu ADN es evidencia de que eres un sobreviviente. El siguiente nivel es próspero. Nuestros antepasados han pasado por la guerra, el hambre, las enfermedades, la opresión, las recesiones económicas y mucho más, pero todos estamos aquí. Siguieron luchando por el juego final. No dejes que todo ese esfuerzo y supervivencia termine contigo. Tal vez hubo algunas prácticas tóxicas y creencias que sobrevivieron a medida que las generaciones pasaron. Esas cosas deberían detenerse contigo. Es posible que no pueda lograr que toda su familia cambie las actitudes desagradables o los viejos hábitos, pero puede cambiar usted mismo. Creo que había alguien antes que creía de la manera en que yo lo hago (o más fuerte) y tenía esta pasión (o mucho más), y que vive a través de mí. Mi riqueza es de Dios pero viajó a través de Sus semillas.

Paso mi tiempo sembrando semillas de riqueza en honor a aquellos antes que yo, y en honor a los que vendrán.

Maura Ikharo, AICP

Ubicación de la imagen: Bruselas/Bruxelles, Bélgica

Notas:

Notas:

Notas: